服装高等教育“十二五”部委级规划教材（高职高专）
浙江省重点教材

服装导购与店长

刘建长　主编
田　犇　章春苗　副主编

中国纺织出版社

内 容 提 要

本书分为服装导购销售训练和服装店长训练两部分。在服装导购销售训练部分，重点强调销售技巧，主要包括服装销售准备、服装导购过程、服装成交与售后等内容。在服装店长训练部分，重点强调管理技能，主要包括服装店长上岗前的准备、如何建立规范的店铺运作体系、如何提高员工士气、如何做好销售现场管理、如何提高货品效益等内容。

本书注重实际运用和实践训练。内容针对性很强，每章都以实际案例导入，引导读者思考，课后通过思考训练题和综合实训巩固学习成果。

本书可作为服装营销与管理专业学生用书，也可作为服装店铺从业人员及服装企业内训参考用书。

图书在版编目（CIP）数据

服装导购与店长／刘建长主编．—北京：中国纺织出版社，2014.6

服装高等教育“十二五”部委级规划教材（高职高专）

浙江省重点教材

ISBN 978-7-5180-0356-3

Ⅰ.①服… Ⅱ.①刘… Ⅲ.①服装—销售—方法—高等职业教育—教材②服装—商店—商业经营—高等职业教育—教材 Ⅳ.①F768.3②F717.5

中国版本图书馆CIP数据核字（2014）第125649号

责任编辑：张思思　　责任校对：楼旭红
责任设计：何　建　　责任印制：储志伟

中国纺织出版社出版发行
地址：北京市朝阳区百子湾东里A407号楼　邮政编码：100124
销售电话：010—67004422　传真：010—87155801
http：//www.c-textilep.com
E-mail：faxing@c-textilep.com
中国纺织出版社天猫旗舰店
官方微博 http：//weibo.com/2119887771
三河市宏盛印务有限公司印刷　各地新华书店经销
2014年6月第1版第1次印刷
开本：787×1092　1/16　印张：10
字数：191千字　定价：32.00元

出版者的话

《国家中长期教育改革和发展规划纲要》（简称《纲要》）中提出“要大力发展职业教育”。职业教育要“把提高质量作为重点。以服务为宗旨，以就业为导向，推进教育教学改革。实行工学结合、校企合作、顶岗实习的人才培养模式”。为全面贯彻落实《纲要》，中国纺织服装教育学会协同中国纺织出版社，认真组织制订“十二五”部委级教材规划，组织专家对各院校上报的“十二五”规划教材选题进行认真评选，力求使教材出版与教学改革和课程建设发展相适应，并对项目式教学模式的配套教材进行了探索，充分体现职业技能培养的特点。在教材的编写上重视实践和实训环节内容，使教材内容具有以下三个特点：

（1）围绕一个核心——育人目标。根据教育规律和课程设置特点，从培养学生学习兴趣和提高职业技能入手，教材内容围绕生产实际和教学需要展开，形式上力求突出重点，强调实践。附有课程设置指导，并于章首介绍本章知识点、重点、难点及专业技能，章后附形式多样的思考题等，提高教材的可读性，增加学生学习兴趣和自学能力。

（2）突出一个环节——实践环节。教材出版突出高职教育和应用性学科的特点，注重理论与生产实践的结合，有针对性地设置教材内容，增加实践、实验内容，并通过多媒体等形式，直观反映生产实践的最新成果。

（3）实现一个立体——开发立体化教材体系。充分利用现代教育技术手段，构建数字教育资源平台，开发教学课件、音像制品、素材库、试题库等多种立体化的配套教材，以直观的形式和丰富的表达充分展现教学内容。

教材出版是教育发展中的重要组成部分，为出版高质量的教材，出版社严格甄选作者，组织专家评审，并对出版全过程进行跟踪，及时了解教材编写进度、编写质量，力求做到作者权威、编辑专业、审读严格、精品出版。我们愿与院校一起，共同探讨、完善教材出版，不断推出精品教材，以适应我国职业教育的发展要求。

中国纺织出版社

教材出版中心

前言

服装企业迫切需求市场营销管理人才。一线岗位有：服装导购员、服装客服专员、服装销售代表、市场拓展专员等；管理岗位有：服装专卖店店长、区域经理、营销活动策划人员、培训助理、市场总监、销售总监等。为了使学生毕业后尽快与企业接轨，熟悉相应的服装营销管理知识，掌握相关的技能，成为受用人单位欢迎的、有内涵的服装营销管理人才，浙江纺织服装职业技术学院和温州职业技术学院的教师牵头编写了服装营销系列教材（共5本）。该丛书是浙江省教育厅立项的高校系列教材建设项目之一，本书为这一系列教材的其中一本。

决胜终端绝不是一句空洞的口号。不断提升终端导购员和店长的素质及能力，是品牌服装市场竞争力提升的有力保障，因此，这个领域需要吸纳更多高技能、高素质的人才。本教材以服装导购销售训练和服装店长成长训练为载体，通过层进式的内容组合，让学生按照实际的工作流程逐步学习，在自主探究的活动中丰富专业知识、提升专业技能，形成较高的综合素质。教学内容的展开循序渐进，环环相扣，不断深入。上篇和下篇的教学都有相应的教学目标、教学要求、教学方式和课前准备等供教学参考，教学过程注重学习相关知识和技能，通过实际案例和实践训练，引导学生思考问题，研究自身技能与素质的提升策略，提高学生的学习兴趣。通过小组讨论、互动学习、案例分析、社会调查等形式培养学生观察、分析、解决实际问题的能力，努力使学生具备服装导购的销售能力和服装店长的店铺管理能力。

目前市场上尚没有这样命名的一本教材来满足服装市场营销专业和连锁经营管理等专业学生的学习需求。本书的出版有利于帮助这些专业的学生谋求服装导购与店长的工作，也有助于服装店铺的从业人员和管理者的自我提升。本书同时也可以作为服装企业内训的参考用书。

该教材由浙江纺织服装职业技术学院（雅戈尔）商学院副院长刘建长副教授主编并负责编写提纲和统稿，由田犇副教授、章春苗讲师任副主编。温州职业技术学院营销专业主任易淼清副教授和浙江纺织服装职业技术学院（雅戈尔）商学院茅淑桢讲师参编。具体编写分工如下：上篇的第一章由刘建长和田犇编写，第二章和第三章由田犇编写；下篇的第四章由刘建长编写，第五章由刘建长和章春苗编写，第六章由茅淑桢编写，第七章由易淼清编写，第八章由章春苗编写。上篇的综合实训由田犇编写，下篇的综合实训由刘建长编写。

在本书的编写过程中，编写人员走访了大量的服装导购和店长，他们的建议为本书的编写带来很多启示。雅戈尔集团董事长助理张明杰博士提供了大量雅戈尔集团FA（导购员）和店长培训的一手资料。浙江纺织服装职业技术学院时装学院郑宁老师和戴炯老师为本书的编写提供了一些店铺管理的资料。部分案例材料来源于网络。

编　者

2013年10月

教学内容及课时安排

章/课时	课程性质/课时	节	课程内容
第一章（4课时）	上篇 服装导购销售训练（16课时）		·第一章　服装销售准备
		一	销售知识准备
		二	销售心理准备
		三	销售礼仪准备
第二章（6课时）			·第二章　服装导购过程
		一	观察顾客
		二	接近顾客
		三	倾听顾客
第三章（6课时）			·第三章　服装成交和售后
		一	与顾客成为朋友
		二	发现顾客的购买信号
		三	促成交易
		四	售后服务
第四章（4课时）	下篇 服装店长成长训练（24课时）		·第四章　服装店长上岗前的准备
		一	认识服装店店长
		二	熟悉服装店的一般工作流程
		三	做好上岗前的准备工作
第五章（4课时）			·第五章　建立规范的店铺运作体系
		一	建立合理的店铺组织结构
		二	明确各岗位的职责
		三	建立科学的店铺运行制度和方法
第六章（4课时）			·第六章　提高员工士气
		一	科学实施绩效管理
		二	团队激励与沟通技巧
第七章（8课时）			·第七章　做好销售现场管理
		一	营造良好的销售氛围
		二	做好销售现场的工作安排
		三	正确处理销售现场突发事件
		四	有效制订与实施促销策划
第八章（4课时）			·第八章　提高货品效益
		一	科学合理订货
		二	有效管理仓库
		三	高效处理库存

注　各院校可根据自身的教学特点和教学计划对课程时数进行调整。

目录

上篇　服装导购销售训练

下篇 服装店长成长训练

上篇　服装导购销售训练

教学目标： 服装导购在业界称为时尚顾问（Fashion Adviser）或者时尚咨询师（Fashion Consultant）。追求顾客满意度是服装导购的重要工作。一名优秀的服装导购人员能根据顾客的需求，结合服装商品和时尚元素，为顾客提供合适的建议。当顾客感受到超出预期的服务时，才开始对服装商品和导购产生信任，并做出购买的决定。本篇努力使学生了解服装导购岗位的基本要求，学习相关的知识和技能，熟悉导购的服务过程，掌握促成交易和提供售后服务的技巧，努力提高销售技能，为成为一名专业的服装导购人员做好准备。

教学方式： 教、学、做一体化。

教学要求：

1. 教师要明确该篇的任务目标和训练要求。
2. 学生在任务实施和实践操作环节之前，要学习相关知识与技能，并有自己的思考和观点。
3. 任务实施和实践操作小组人数在4或6人为宜，一般情况下要确保人数为偶数。要体现团队合作精神，认真实施并及时总结反馈。
4. 对于学生在各方面的表现要及时给予真实反馈和鼓励。

课前准备：

1. 学生应选择某个服装品牌店铺作为项目的载体。如果是和学校合作的服装品牌店铺效果更佳。
2. 需对学生进行项目分组。
3. 各小组需先到确定的店铺现场采样。采样内容包括：场景图片的拍摄，在售服装产品的学习，简单道具的制作，顾客群的了解，周边市场状况的调查等。
4. 对各个任务的目标和要求要进行预习。
5. 教师为学生指定参考用书、电子资料或网络学习内容。

第一章 服装销售准备

【学习目标】

知识点：

1．了解如何准备服装销售知识。

2．了解如何具备良好的销售心态。

3．了解相关礼仪知识和训练方法。

能力点：

1．能通过现场调研、资料整理和小组训练等方法掌握基本的服装销售知识。

2．能通过情绪管理训练和目标管理训练等方法养成良好的销售心态。

3．能通过模拟情境训练等方法有效把握服装销售礼仪。

【引导案例】

某服装店铺的早课

一日，×先生到A品牌女装店铺调研，亲身体验了早课的作用和效果。

店铺早课由店长主持，分为四部分。第一部分，自我确认。所有员工站成一圈，由店长选派一名店员站在圈中，讲自己的故事。×先生第一次参加，店长推荐×先生做自我介绍，在讲述自己故事的过程中，其他成员不时用掌声给予肯定和鼓励。自我介绍后，店员对×先生进行自由提问，以一种轻松的方式交流。第二部分，审查。店长会就前一天遇到的问题询问当事人，当事人描述后，员工共同寻找解决方法。例如，有店员反映一位顾客打碎了店内装饰物。店员针对如何处理这件事情以及如何避免类似事情发生开展开放式讨论，在店长引导下最终达成共识。第三部分，布置当日工作计划和目标。各销售组组长总结前一日的销售成果，计划当日的销售计划和目标，小组成员共同表态，每个人需大声而清晰地喊出目标，表达决心。第四部分，在轻松的气氛中，做团队协同操。

早课，是每一家专卖店日常工作的第一个环节，作用在于调动一天的工作热情，增进团队凝聚力，为一天的工作做好前期准备。

完美的准备实现完美的结果。服装导购人员真正和顾客面对面的时间是非常有限的，即使你有时间，顾客也不会有太多时间留给你。实际上，导购工作的大多数时间是用在前期准备上，导购人员必须事先了解自己销售的产品和即将面对的潜在顾客，管理好自己的心态，布置好销售的现场，伺机而动。

第一节 销售知识准备

一、服装导购的必备知识

服装导购员掌握的知识并非越多越好，每个人的认知都是有限的，导购员不一定要比顾客显得更博学，但是，却要表现得更专业。在日常生活中，当人们遇到疑难时，更加愿意相信专业人士，人们坚信专业人士精深于某一领域的知识、技能，能够给人们在该领域正确的指引。在实际的消费活动中，一名专业的导购员能够提供给顾客准确的信息、恰当的建议、满意的服务，对顾客消费决策的引导让他们感到可靠、信服。那么导购员需要具备哪些知识储备，才能显得更专业，更加令人信服呢？

专业的服装导购员必须掌握的知识包括服装商品知识、相关工作程序知识、相关的法律知识、服务对象的信息、公司的政策等。这样一般性的描述仍然让初学者迷茫，因为仅仅就服装商品知识而言，一件服装从选择面料，加工为成品，到摆上货架，包含了一系列的知识和信息，哪些才是导购员必备的专业知识呢？

导购员知识储备的内容和数量取决于顾客。这就再次强调了“以顾客为中心”的理念，顾客需要知道什么，顾客在消费活动中需要怎样的服务才是最重要的。相关的服装专业知识包括服装材料学、服装设计学、服装加工工艺、服装市场营销、时尚文化等。以服装面料为例，就包括纤维的种类、性能、纱线的类型、纺织方法、织物的组织结构、织物的染整等。如果这些知识服装导购员都能掌握当然好，但人们储备和精通知识的能力是有限的，很难做到既是服装面料专家又是服装营销专业人士。那么，服装导购员需要知道什么，需要精通什么？从顾客的角度思考，如果你就是顾客，你要买衣服，必然会考虑到服装的材质，这时你会关注什么？服装材质是否环保，天然材质还是非天然材质？穿着是否舒适，保暖和透气性如何？它的结构和色彩是否能经得住洗涤？从顾客的角度出发，服装导购员的知识可以简化，这种简化是围绕着为顾客提供更好的服务以及他们关注的信息展开的。

从顾客角度思考，服装导购员在提供服务时，不能总是围绕服装商品本身，为了增进与顾客的关系，有时服装导购员要迎合顾客的兴趣和爱好，谈论更加广泛的内容，这就需要导购员具备更广博的社会知识、生活知识、娱乐知识。这种广博也是围绕着为顾客提供更好的服务以及他们更喜爱的信息展开的。

二、导购知识的学习方法

每位学生在课程开始时，应拟定一家店铺作为实践的对象，这里将其称为A品牌。当走上A品牌女装店铺导购员的岗位时，应怎样进行知识准备？

（一）掌握A品牌顾客的基本信息

导购员所有知识的准备都是从顾客开始的，在掌握了面对顾客群的基本信息和特征后，所有的准备就有了目标和实际内容。顾客群的一般信息包括：顾客的性别、年龄、体态、收入水平、消费水平、文化程度、职业分布等；顾客群的特征信息包括：顾客的价值取向、文化背景、购买习惯、审美标准、兴趣爱好等；顾客群的具体信息包括：居住区域、交通方式、家庭结构、历史购买记录等。

导购员走上岗位的第一步，就是了解和掌握顾客群信息。导购员可以通过向店长或高级导购员请教，或者通过自身的观察和有计划的调查获得信息，再通过认真地整理、思考，形成对顾客的初步认识。

学生可分组到实习店铺进行调查，自行设计表格，整理收集信息。具体如表1–1所示。

表1–1　A品牌店铺顾客群信息一览

一般信息	分析	特征信息	分析	具体信息	分析
年龄	25 ~ 35岁	价值取向	重视服饰美、追求时尚，但不前卫，着装讲究一定的品位和内涵，认同品牌价值和文化附加值，品牌忠诚度较高	居住区域	1公里范围内占40%，3公里范围内占40%
性别	女性，20%有男性陪伴				
体态	标准体态55%，偏瘦体态25%，偏重体态15%，肥胖体态5%左右			交通方式	步行30%，驾车50%，使用公共交通工具20%
收入水平	个人年收入10万 ~ 20万占70%，20万以上占25%	文化背景	受过正规教育，生活在城市，本地原住民和新移民各占50%左右，习惯用普通话交流	家庭结构	单身占30%，基本家庭占30%，核心家庭占25%
消费水平	个人年服装消费5000 ~ 10000元为主流，占60%以上				
文化水平	本科以上学历超过70%，高中以下学历低于5%	购买习惯	较少单独购物，以女性密友陪伴为主，男友、丈夫陪伴也较多；购买单件较多，自主搭配者占一定比例；很多顾客已习惯刷卡支付；习惯自网络获得信息	历史购买记录	新顾客占7%左右，购买2件/年以下占50%，购买2 ~ 3件/年占30%，3件/年以上占20%
职业分布	政府机关工作人员、学校教师、企业中层以上管理人员等占70%以上，私营企业主占20%左右				

（二）理解A品牌的经营理念、文化内涵

理解服装品牌的经营理念、文化内涵，是服装导购员获得职业归属、社会认同的过程。通俗地讲，就是解答导购员需要做什么，导购员能给别人（企业、顾客）带来什么帮助，导购员的劳动有怎样的社会价值和意义。解答了这几个问题，有利于导购员个体能力的发展和职业素质的养成，有利于企业文化的展现和传播。设计师是服装理念的营造者，导购员就是服装理念的传递者。导购员必须理解服装品牌的理念、文化，并能把它准确地传达给顾客。

A品牌服装的理念是“倡导时尚理念，引领时尚生活”，借鉴了中国香港和西方国家的休闲服饰文化，服务于中国女性顾客对时尚和美的追求。

在这里首先需要理解“时尚”。服装产业中的时尚不是一个空洞的概念，服装就是它的载体，是可以触摸到的。导购员应该紧跟全球服装时尚流行的趋势，了解巴黎、米兰、伦敦、纽约等传统服饰文化中心的时尚信息，经常关注东京、中国香港、首尔等亚洲服饰流行，时刻关注上海、大连、杭州等国内服饰文化的脉动。同时，导购员还要知道所销售服装的风格特征，掌握销售品牌的潮流定位。所有的顾客都对时尚产品有兴趣，导购员必须让顾客了解时尚产品“潮”在哪里，才会使顾客产生良好的购物体验。有时，导购员在工作中还需要提前收集具体的潮流信息，如从时尚杂志、网站、视频收集时尚信息，提供给顾客参考。当然，对时尚的敏感度不是一朝一夕获得的，而是在生活中不断养成的，所以要成为高级服装导购员还需要时间的历练。

（三）记住销售商品的价格

价格永远是销售中最敏感的信息。牢牢记住每件商品的价格以及价格的变化，是对导购员最基本的要求。

为了提高记忆价格的效率，可以在联想过程中加入以下要素。

（1）服装色彩。色彩越生动、越丰富，记忆效率就越高。利用服装的丰富色彩，通过想象，生动地记忆价格。

（2）节奏。利用音符，有节奏地记忆数字。

（3）夸大。把一些数字夸大，越大、越多，就越好。

（4）动感。尽可能地使大脑中的图像动起来，动的东西比静止的东西更容易记忆。想象将服装穿着在身的动感形象和不同款型的动感效果，并把它们和价格联系记忆。

（5）感受。包括触感、听感和观感等。在记忆价格时，参与的感官器官越多，记忆就越清楚。把对面料的触感，款型、色彩的观感，加入到对价格的记忆中。

（6）顺序和条理。只靠想象记忆是不够的，导购员还要按照一定的顺序和条理把商品分门别类地装在脑子里。把服装按照款式、面料、季节分类，按照类别记忆。

（7）编码。为了按一定的顺序记忆，可以按照事先编好的数字或其他固定的顺序记

忆内容。也就是现在普遍运用的数字编码法。将一些价格，如168，按谐音“一路发”更容易记忆。

准确回答顾客关于价格的询问，是提供服务的最低要求。顾客关注价格是希望获得“物超所值”的感受，然而再准确的报价也不会让顾客产生类似的感受。有一次商场促销活动吸引了大批顾客，原因是有国际一线品牌商品打九折。虽然九折后的价格仍然很高，但顾客却感到“物超所值”。这种感受从何而来？心理的比较。国际一线品牌常年不做减价销售，在顾客感知中已经形成了价格定位，当出现减价信息时，顾客会和原有价格进行比较，从而产生“物超所值”的感受。

可比较的内容非常丰富，例如，与A品牌类似的品牌商品价格，与A品牌不同类型商品的价格，同一类型商品的历史价格，同一时期商品不同材质的价格等，正是在比较中形成了顾客对商品价格的感受。导购不仅要记住正在销售的商品价格，更要按照一定的顺序、结构记住相关的商品价格，并形成多层次、多角度的清晰价格体系。

（四）了解服装工艺和材质的相关理论

服装的物理属性包括材料、质地、规格、颜色。顾客并不真正懂得服装的工艺、材质，但他们关心服装的品质，因为他们喜欢“物超所值”的感受。那么，为什么导购员有时要用一些专业术语呢？它会使导购员显得更专业，给顾客一种可信赖的感觉。但是，导购员又不能沉迷于专业术语，那样会让顾客感到迷茫，导购员的最终目的是使顾客相信，这种材质是适合他们穿着的。导购员需要记住所销售服装的物理属性，但这并不意味着，当顾客询问时，导购员需要告诉他们详细而专业的数据。导购员有时需要将服装工艺、材质的专业术语转化为通俗语言让消费者易于接受。

如什么是纰裂？纰裂是指经缝合的织物受到垂直缝口的拉力作用时,一个方向的纱线在另一个方向的纱线上产生滑移，呈现出脱缝或裂口的现象。几乎没有顾客听到过这个专业术语，而实际上这却是顾客关心的问题，即这件衣服是否耐穿，穿着时是否行动方便。导购员需要掌握纰裂值高低的现实意义，比如一件紧身女装，顾客必然会关心纰裂问题，导购员向消费者介绍时需要把专业指标转换成生活用语。

再如，中国消费者更加偏好天然织物制作的服装，当他们询问这件衣服的面料时，他们并不是想清晰地知道服装面料的准确成分，而是想确定服装面料是否为天然材质，因为他们认为天然材质的面料对他们更好。如果销售的服装不是天然织物面料，该如何应对呢？导购员可以这样回答顾客“这件服装采用了新型面料，这种面料在保湿、耐热和皮肤触感上都优于传统的棉布，你可以摸摸看。”

（五）掌握服饰搭配技巧，培养审美能力

经常会见到一些人，从头到脚都是名牌服饰，但却没有多少美感；与之相反，一些穿着者通过巧妙混搭，令一些看上去很平常的衣着焕发了异彩。选择符合自身条件的服饰，

并合理搭配，将会充分展现服饰的美，服饰搭配是使用者对美的再创作，也展示了穿着者的搭配技巧和审美能力。

作为服装营销专业的学生，在穿着打扮上要多加修炼，敢于大胆尝试，寻求服饰搭配的变化，不妨让自己变得前卫一些，只有站在时尚的前列，你才有机会回头发现广阔的市场。人们逛街时经常会发现一些陈列模特的服装搭配非常夺人眼球，对顾客的购买决策产生着有效影响，这正是导购员的艺术再创作。

导购员是商品使用或试用的第一位评价者，导购员并不是把服装推销给顾客，而是要为顾客选择最适合的服装，导购员的赞美应该是专业的、准确的和发自内心的。导购员必须知道服装搭配的技巧，有着装的审美能力，对色彩的表达也有了解，能够根据顾客的身材、肤色、年龄等因素，向顾客推荐合适的服装。遇到身材修长如同T台模特的顾客，发现美是很容易的，但是普通顾客都是不完美的，在面对普通顾客时，导购员也能发现他们的美，并给予赞赏和专业的建议，才是导购员专业素养和能力的表现。服装搭配技巧和审美能力的提升，要依靠日常生活的积累，既是学习又是生活。有时对美的赏识是人们看待人或者事物的角度。

（六）掌握商品陈列的方法和技能

商品陈列是店铺内部陈设的核心内容，也是吸引顾客购买商品的主要因素。商品陈列的基本原则，一是方便顾客观看。服装摆放的高度要适应顾客的习惯高度。二是方便顾客行动。柜台摆放应便于行走，避免出现“死胡同”或者行走路径窄小等问题。三是方便顾客挑选。服装应尽可能做到裸露摆放，吊牌要清晰可见，便于顾客观看、触摸和比较，以增强顾客对服装的感性认识。

常用的商品陈列方法包括：逆时针陈列法，调查发现90%以上的顾客总是有意无意地按逆时针方向行进，服装摆设入口可以按逆时针方向陈列；垂直陈列法，同一类型的服装，可以在货架上一层上下垂直陈列，如把小号服装放在最下层，中号服装放在中层，大号服装放在最上层；相关商品陈列法。这种方法要求将相关商品陈列在一起，如卖场中将相同风格的服装搭配在一起陈列；季节陈列法，对于不同季节的服装，按季节的变化进行陈列，把应季新品放在最佳位置；专题陈列法，按照某种设计风格或表达理念，集中陈列，如专题陈列窗。

店铺服装侧挂陈列规范如下。

（1）衣架裤架上的服装款式应统一，挂钩一律朝里，以便保持整齐和方便顾客取放。

（2）衣架、裤架相间排列组合会形成有趣的效果。

（3）衣服要熨烫，整理整齐干净。扣好纽扣，拉上拉链，系上腰带等，吊牌不外露。

（4）套头式罗纹领针织服装，衣架要从下摆放入，以防止衣服变形。

（5）服装的正面一般朝左方，由左至右依序陈列，因为顾客用右手取商品的情况较多。

（6）通常，裤装采用M式和开放式夹法。长裤可以正挂或侧挂，陈列半长度裤子只可采用侧挂形式。

（7）侧挂要有一个统一的长短和尺码的排序规范。

（8）衣架不能太空也不能太挤。通常用手把衣服推向一边时，服装紧密排列后以留出约1/3的位置比较适宜。

（9）侧挂陈列应靠近本系列的叠装，以便顾客试衣。

总之，顾客是销售活动的中心，但是他们很难独自完成“购买决策”。顾客从产生购买意向到最终决定购买的一系列行动中，存在着未知的障碍和问题，维持行动的动力除了顾客自身动力外，导购员的引导同样非常重要。导购员必须清楚服装销售的流程，知道顾客在各个环节中可能遭遇的问题，并能给予及时的指导和帮助。

同时，导购员还要知道能提供给顾客什么样的服务，这一点很重要。一个人担心的事情，往往会成为他（她）关注的焦点，其他事情就会被忽略。顾客在购买过程中，经常会对一些问题产生焦虑。例如，他（她）们会担心商品售出后的服务，他（她）们担心商品售出后如果遇到问题商家会推卸自己的责任，这种担心会影响顾客的决策过程。导购员清楚自身能够提供的售后服务，可以在恰当的时机给予顾客安抚和承诺。

在导购员走上岗位之前，不能将所有的知识储备下来，很多需要在工作岗位中不断积累，今天学习的知识是未来工作的基础，同时也是在构建一个以顾客为中心的专业知识体系。在实际工作中，任何单纯的知识积累都是无意义的，知识只有在实践中运用才能转化为导购员的专业技能和素养。

三、导购知识的实践训练

（一）现场调研

组织学生到店铺现场学习、调查。每位学生可选择一个方向，制订调查计划，设计调查问卷或者表格，通过观察、倾听、提问等方式，在店铺收集相关信息，并对信息进行整理和分析。课堂交流调查结果，各小组对相关信息进行整理，为小组训练提供素材。

调查方法如下。

1. 访谈法

访谈法就是研究性交谈，以口头形式展开，根据被询问者的答复搜集客观的、不带偏见的事实材料。学生可以对店铺的导购员和部分顾客展开访谈，获得所实习店铺的顾客信息。使用访谈法时应注意，事先设置访谈提纲，列清访谈的内容；提问要简洁明了，口齿清晰；要对访谈对象回答的内容进行记录。

2. 现场观察法

在店铺正常营业环境中对导购员和顾客的行为进行有目的的、有计划的系统观察和记录，然后对记录的内容进行分析，从而发现消费行为规律的方法。学生需要事先制订观察计划，在店铺实习期间，认真观察店铺的经营活动。观察要有重点，及时记录，并做系统分析。

3. **问卷调查法**

通过向顾客发出简明扼要的征询单(表)，请示填写对有关问题的意见和建议来间接获得材料和信息的一种方法。问卷设计要形式规范、数据测算标准、调查内容有效。简易的问卷设计，问题切忌过于烦琐，但又要涉及需要了解的信息。

这是一项个人作业，每位学生对自己调查的资料进行整理，按照各自的思路，通过表格的方式表达出来。可以将整理资料的重点放在不同的领域。如可以关注服装材料问题，也可关注商品价格问题，或者是服装陈列问题。但是，学生要从顾客的需求角度出发整理材料，如顾客最关心的问题、顾客最常用的表达方式等。下面以服装面料问题为例，整理出调查表（表1–2）供参考。

表1–2　关于服装材料

	顾客关注的问题	顾客常用的表达方式	导购员如何应对
服装材料	面料	我喜欢纯棉的	的确是这样，如果是100%纯棉面料摸上去会感觉很好。但是市面上100%纯棉面料几乎没有了，这是因为100%纯棉面料在弹性、柔顺性等指标上都不好
		这衣服的款式、花色我都喜欢，就是面料，哎	您的意思是，这种面料让您感到不舒服吗 您的意思是，您曾经穿过这种面料的衣服吗 您的意思是，您使用这款面料出现过问题吗 尽快找到顾客不喜欢这款面料的真正原因
	褪色、缩水、起球	看上去挺好看，就怕穿着后很快就显旧了	这种情况确实让人感到不快。色彩鲜艳的衣服处理不好，很容易褪色。但如果您正确清洗，就不会发生这种现象了。来，让我来介绍一下这种面料的洗涤方法，很简单
		上次我买过类似面料的衣服，洗过就掉色	您这种经历我也遇到过，传统面料是有这样的问题。不过这件服装面料采用了新的工艺

在课堂上，学生可以相互交流自己整理的表格，并展开讨论，从顾客的角度感受导购员的应对是否会让顾客满意。

（二）小组训练

训练方式：按组准备，采用答辩的方式。

将学生分为两个小组，一组扮演导购员，另一组扮演顾客。顾客组依据店铺现场收集的问题，从顾客角度出发，按照实际销售流程，模拟顾客的语言进行提问；导购组有针对性地回答。一轮后，互换角色。老师为顾客组打分，主要评定顾客问题的设计是否合理，是否贴近实际。顾客组为导购员组进行打分，其他同学也可以站在顾客立场对导购员的回答进行打分。打分表如表1–3、表1–4所示。

表1–3 学生评分表

评价项目	打分标准
导购员的服务是否令顾客满意	5分 非常好 4分 好 3分 较好 2分 一般 1分 较差
导购员的回答内容是否满足顾客的需要	
导购员回答的方式、语气是否让顾客感到舒适	
总分	9～15分 合格 3～8分 不合格

表1–4 教师评分表

评价项目	打分标准
设计的问题是否来自实际调查	5分 非常好 4分 好 3分 较好 2分 一般 1分 较差
问题是否能体现顾客的真实需求	
问题是否能以顾客的语气表达	
总分	9～15分 合格 3～8分 不合格

第二节 销售心理准备

一、导购工作的心态准备

连续16年位于日本汽车推销业绩最高宝座的推销员奥诚良治说，“顶尖的推销员是遭受最多败仗与屈辱的人；顶尖的推销员是受过最尖酸拒绝的人；顶尖的推销员是吃到过最残酷败仗的人。”同样，从事导购工作，每天要面对太多的败仗，太多的失望，成功的导购员是在失败后能够很快摆脱沮丧的情绪，乐观面对工作的人。

怎样的心态准备可以让导购员从这个挑战性的工作中脱颖而出呢？

（一）学会调节自己的情绪

情绪是我们内心世界的“晴雨表”，我们的情绪常处于持续波动或变化的状态，我们可能在上一刻觉得十分高兴，而一旦遇到问题就立刻会变得沮丧。导购员要有管理自我情绪的能力，总是能以积极的心态面对一天的工作，以热诚的态度对待顾客，以冷静的思考对待问题。在工作中，有必要将导购员的情绪控制好。学习有效表达情感的方法，包括自发表达，有意地、理性地控制情绪以及寻求两者之间的适当平衡。每个人需要改进的方面各有不同。一方面，过于情绪化和冲动的人在表达情绪时可能会不经思索地表达出来，他们就需要提高自我控制的能力；另一方面，将情绪置于严格控制下的人需要的就是放松，更多地意识到自己的情绪，并且更轻松地表达它们。

（二）树立坚定的信念

信念是成功的保障，当你在困难中迷茫时，只有坚定的信念能守护你走出困境。相信你的公司，相信你的产品，相信你自己，否则销售不会成功。相信顾客更愿意购买你销售的产品，而且是从你这里购买。要确定你在这个世界上对自己以及对社会的重要价值，你的信念体系决定你的命运。这并不仅仅局限于销售过程，而且也同样适用于你的事业。数以百万计的导购员从未为自己树立过任何信念，他们只关心如果一笔交易做成，自己能赚多少钱。如果你想在事业中取得成功，那么你一定要相信你所代表的公司，相信它是市场上提供或创造你所销售产品的最好的公司。你要相信你所提供的产品和服务不仅仅是市场上最好的，而且对顾客来说也是最有价值的。你要相信你自己的专业能力，相信你能够给顾客带来最有价值的服务。

（三）确立切实可行的目标

目标是个体或组织奋力争取，力图达到的期望状况。目标对人或团体发展有着引领作用的同时，它还是一种动力，可以帮助人们克服困难达到预期成果。目标的动力作用不在于它是否高远或者超群，目标应该是具体的、可操作的，通过努力可以实现的。在读书时，应该有学习目标，工作后有工作目标，人生的任何阶段都应有明确目标。高职学生应该明确目标，要使自己成为某一行业领域的专业人才，服装营销与管理专业的学生应明确自己三年后将成为一名专业的导购员，三年的学习和磨炼为的是培养专业导购员的关键能力和基本素质。

（四）磨炼坚韧的意志品质

正如奥诚良治所说，从事导购工作，每天要面对太多的败仗、太多的失望，没有坚韧的意志品质，是无法坚持下去的。如何磨炼意志品质？江苏曾经出现过“行走学校”，这类学校没有教材、没有作业，学生每天行走60公里，没有理由，没有原因，目的是培养学生的意志力。他们招收的是那些网络成瘾的学生，利用假期行走，磨炼自己，学会控制自己的生活。这是一种极端的教育方式，并未推广、普及，但是它给我们展示了简单的道理。意志力的培养不在于克服巨大的困难，而是持之以恒，按照既定的目标，实施制订计划。

二、导购调整心态的策略

（一）调节情绪

心理学家将人的情绪分为心情、激情、应激。情绪有积极情绪和消极情绪之分，学会调节情绪，就是疏导情绪。

1. 调节心情

心情是一种情绪状态，伴随着我们的日常生活。有些人总是让自己的心情处于愉悦的状态，即使遇到挫折，也能从短暂的低潮中转换过来；这是积极的心情。有些人却让自己的心情处于忧郁的状态，如遇到问题，会长时间地纠结其中，这是消极的心情。调节积极的心情，会增进导购员的工作热情，增强抗御挫折的能力。

体察自己的心情，也就是时时提醒自己注意："我的心情怎么样？"例如，当你因为顾客挑剔而对他冷言冷语时问问自己："我为什么这么做？有什么感觉？"如果你察觉到自己对顾客三番五次的挑剔感到生气，你就可以对自己的生气做更好的处理。有许多人认为："人不应该有情绪"，所以不肯承认自己有负面情绪，要知道，人是一定会有情绪的，压抑情绪反而会带来更不好的结果，学会体察自己的情绪，是情绪管理的第一步。

心情的好坏取决于我们看待事物的角度，那些乐观的人，看待事物（包括挫折）总是从积极的方面思考；那些悲观的人，习惯于从消极的方面思考，心情不自主地就会忧郁起来。假设有半杯水，悲观的人就会想"只剩下半杯水了"，乐观的人则会想"我还有半杯水呢"。一名导购员接待五位顾客，可能只能成交一单，悲观的人会怎么想？"我怎么总失败！"乐观的人则会想"又做成了一单生意"。这个变化看似简单，但不同的角度就会影响你的心情，这种影响是很微妙的。

有这样一个故事可能会对我们有所启发。一位售鞋的推销员，被公司派到太平洋的小岛上开拓市场，他在当地调查后发现岛上居民都不穿鞋。于是，他向公司汇报，"岛上居民从来没有穿鞋的习惯，因此这里没有鞋的市场"。不久他就离开了这个岛。公司又派了另一位推销员，他调查中发现了同样的情况，他向公司汇报，"岛上居民都没有鞋穿，因此这里有广阔的市场"。随即他开始了宣传和推销活动。

2. 控制激情

激情是一种强烈而短暂的情绪状态，带有强烈的动力。有时我们把激情比喻为烈马，驾驭得好，会给工作带来强劲的动力，驾驭不好就会成为情绪的奴隶。销售人员有必要将激情控制好。控制激情如同大禹治水，宜疏不宜堵，必须想办法将激情的能量做释放处理，但这种释放又不能是无节制的。因此，要学习有效控制激情的方法。

纾解激情的方法很多，有些人会痛哭一场；有些人会找三五好友诉苦一番；还有些人会跑步或到球场发泄，比较糟糕的方式是喝酒、飙车。要提醒自己的是，纾解激情的目的在于给自己一个理清想法的机会，从而让自己更清醒地去面对未来。如果纾解情绪的方式只是暂时逃避痛苦，而后需承受更多的痛苦，这便不是一个适宜的方式。根据自己的特点，选择适合自己且能有效纾解激情的方式，你就能够控制激情，而不是让激情来控制你！

3. 缓解压力

应激是在出乎意料的紧急情况下所引起的心理反应。可分为积极的心理反应和消极的心理反应，积极的心理反应是指适度的情绪唤起，它会使注意力集中、思维积极。这种反应有利于我们对事情的正确认识和应对。消极的心理反应是指过度唤醒（焦虑）、紧张，过分的情绪唤起（激动）或低落（抑郁），会使认知能力降低、概念不清。

应对压力时，可以采用注意力转移法，所谓注意力转移法就是把注意力从引起不良情绪反应的刺激情境中转移到其他事物中或从事其他活动的自我调节方法。当出现情绪不佳的情况时，要把注意力转移到自己感兴趣的事情上去，如外出散步、看电影、看电视、读书、打球、下棋、找朋友聊天等，这些活动有助于使情绪平复下来，在活动中寻找到新的快乐。这种方法，一方面中止了不良刺激源的作用，防止不良情绪的泛滥、蔓延；另一方面通过参与新的活动特别是自己感兴趣的活动而达到增进积极情绪的目的。

（二）坚定信念

你肯定经常听人说，要想取得成功销售，导购员必须先把自己推销出去。这也就是说，只有在顾客接受了你之后，他们才能认同你的公司，才会购买你的产品或服务。要做到这一点，导购员必须相信自己。在传递信息、与顾客接触以及向他们推销产品时，这种自我信念会催生你的激情、热情和自信。

导购员选择工作岗位时，应该确定公司、岗位是对社会有意义的、对顾客有价值的。导购员要想树立牢固的信念，在每次面对顾客时，都要问一下他们为什么会相信你、相信你的公司、相信你的产品。然后问他们为什么会选择从你这里购买产品。随着你的成功经历不断增加，你的整个信念体系也会不断强化。那些喜欢你的顾客将帮助你进一步强化你的信念体系，并最终达到牢不可破的境界。

（三）设定目标

目标是个体或组织奋力争取、力图达到的期望状况。目标对人或团体发展有着引领作用的同时，它还是一种动力，可以帮助人们克服困难，达到预期的成果。目标的动力作用不在于它是否高远或者超群，目标应该是具体的、可操作的，通过努力可以实现的。

有一次，我听了一位企业家的讲座，他问："你们就业时期望的月工资是多少？"那个时候，大学生就业很难，大学生中流行一句"零工资就业"，只要给机会，不在乎收入。这位企业家请上一位学生，让他回答，学生报出了一个社会期许的价格，“1000元”，企业家笑了，“这么少，是你真实的希望吗？”学生鼓足了勇气报出了，“2000元”，这位企业家仍然笑道：“太少了。”再看这位学生的脸都憋红了，“3000元”，企业家仍然笑笑，摇摇头。在这种气氛的鼓舞下，下面的学生沸腾了，报价不断升高，有人甚至喊出了100万元。企业家指着这位同学说道：“我喜欢你的率真，但我想问大家，你今天为你的100万元做了什么事情，昨天做了什么事情，明天有准备做什么事情。”台下无语。企业家继续说：“如果你每天都为你的目标做了一些事情，吃饭不算，打游戏不算，那些不需要努力就能实现的不算，你做了什么？如果你做了，你毕业时，值100万元，如果你什么都没做，1000元我也不愿意给你。”从这个案例中我们清晰地理解了什么是可行的目标和目标对于职业发展的价值。

目标分为长期目标、中期目标、短期目标。长期目标一般3～5年后可以达到预期的成果，受到人生观、价值观的影响，确立长期目标对人生发展的轨迹有引领作用。中期目标周期为3～6个月，可能是完成一个项目，参与一个活动，通过一次考试，它是实现长期目标的桥梁。短期目标周期为3～5天，它更像是工作（学习）计划，具体到每天都要完成的任务，短期目标是实现长期目标的基石。

短期目标要和长期目标相互呼应，而短期目标设置的关键是具体、可操作，可以制订出可行的计划。谈到计划，很多人都有一种难以言明的“痛”，曾几何时我们每天都会制订计划，但一次次计划带来的失落，让我们再也不愿提起。曾经有位女学生给我看过她的学习计划，计划的内容非常丰富，真的能完成吗？我和她认真地分析了一下，按照她制订的内容，不停不歇，凌晨3点才能完成，而她每天晚上10点睡觉。不切实际的计划，带给我们的不是前进的动力，而是每日的沮丧，渐渐地使我们都不愿意提及“计划、目标”这样的字眼。

（四）培养意志品质

在过去生活的十年、二十年或者三十年中，你坚持过什么吗？取得了一点进步吗？坚持每天看股票算不算？坚持每天吃饭算不算？坚持每天在博客上留言算不算？下意识的自然而成的事情通常不算。关键不是你一次做了多少事情，而是你是否每天都在为你的目标而坚持努力。我们都有学习英语的经历，怎样学好英语？只有一个诀窍，每天坚持听、读、写。

意志力并非只有面对人生重大挑战时才能表现出来，它是在人对生活有节制的调控中不断增强的。意志品质的培养既要有行动，又要坚持不懈。结合自己的长、中、短期目标，制订合理的计划，每天坚持完成计划的目标。目标可以“高远”，但计划不要“宏伟”，关键是合理，即每天的计划都要完成，也都能完成。持之以恒，会对增强意志力很有帮助。

三、导购调整心态的技巧

（一）情绪管理训练

1. 利用“我”字宣泄

在工作中我们会与很多人打交道，不是每次都是一帆风顺的，有时我们会有矛盾或冲突，有时我们感到无奈或尴尬，这些都会影响我们的情绪。使用“我”字信息表达负面情绪，是一种宣泄情绪的有效方法。

首先，明确但不带任何批判性地描述令人不愉快的行为。

其次，指出对方的行为在哪些方面影响了你，使你产生了痛苦。

再次，“控制”自己的情绪。

最后，告诉对方你想让他或她做出什么改正。

表1-5提供了更多有关“我”字信息的小提示，学生根据此形式设计类似情境，并设计自己的表达语句，进行一对一训练，训练后相互交流表达感受。

表1-5 “我”字信息的小提示

对他人行为的非批判性描述	对我的具体影响	我对此的感受	我希望此人做些什么
你没有按照原定的次序摆放产品	这样做会导致我很难找到产品	我感到非常烦恼	我希望你能认真完成这项工作
每次你都是批评我的工作，却不告诉我做错了什么	我不知道该如何改善工作	我感到很沮丧、很愤慨	告诉我做错了什么，我才能改正

2. 运用归因训练调节情绪

在市场营销活动中，导购员经常面对成功或者失败，一般情况下遇到成功会高兴，遇到失败会伤心，但是有时并非如此。什么影响到心情？当遇到成功或失败时，导购员会怎么想？每个人会寻找原因（心理学称为“归因”），而寻找的原因不同，心情就会不同。例如，如果成功会不由自主地思考，“什么原因获得的成功？”，有人会认为是能力强，有人会认为是因为运气好。这两种原因的思考方式有什么区别？经常想到前者的人会坚定自己的能力，会更加自信，而经常想到后者的人，则会担心自己下一次不会这样幸运。

不要将成功归咎于运气。同样不要把失败归咎于环境。失败并不是因为下雨、因为车、因为电话或因为产品——而是因为导购员自己还不够努力或者工作方式不恰当。导购员做每一件事都有选择的机会，不要抱怨自己走的路，而是坚持走下去，不要抱怨自己的境遇，而是要努力改变这种境遇。不要将责任归咎于别人，那是一种软弱的表现。成功与否并不取决于领导、同事或者顾客——而是你自己，你需要为你自己和你的行为负责。如果你一直抱怨别人，那么很明显，原因一定不是别人。

同样不要一遇到失败，就认为自己的能力有问题，一遇到挫折就认为自己运气差。一个经常将失败归因于努力不足，将成功归因为自身能力强的人，在更多的成功后，自信心会不断提升；相反，在更多失败后，则会越来越自卑，行为更加退缩。

团队归因训练：这部分训练需要结合店铺小组实践活动，在真实的营销活动中经历成功和失败，记录活动的过程，分析成败的原因，在教师的指导下寻找真正的原因。讨论应该在开放、自由的环境中进行，让每个成员信服，并体验到正确归因所带来的情绪变化。

（二）目标实现

写下大目标：在即时贴上用简短的话写下你的主要目标（成为专业的导购员，获得一份满意的工作）；写下小目标：在三张即时贴上用简短的话写下你的次要目标（每天花15分钟观察并思考；每天花30分钟倾听并思考；每天花1小时读有关的营销书籍）。把它们放在你的眼前，把即时贴粘在你的衣柜上，每天必看的地方。每次看到时都把它们大声念出来。一直看着它，谈论它，并直到你开始行动为止。

每天看到它们，你都会去思考如何实现它们。一旦开始行动，即时贴就会让你思考：要实现目标，今天必须完成哪些事情？即时贴促使你行动，促使你实现目标。

每天重温你的成功。在目标实现之后，把即时贴从柜子上取下来，然后骄傲地把它贴在柜子里。

第三节　销售礼仪准备

一、礼仪训练的意义

心理学研究认为，人对外部客观事物的认识和把握，总是从感知它的外部形态等要素开始，仪表风度是一个重要的刺激吸引因素，这种“第一印象”或“首因效应”，往往给人留下这样或那样的感觉，并会进一步影响人们之间相互关系的发展。

（一）体态容貌

导购的体态容貌固然与先天条件有关，但更多的因素则是通过修饰和修养而获得的。导购员五官面庞、身高是先天因素，但适中的体型、饱满的精神、焕发的容光、整洁的穿戴是可以通过后天主观努力改善的，而恰当的言行举止、包括会心的微笑、端正的姿态、得体的服饰、规范的言语，则完全依靠专业的修炼。

（二）姿态

俗话说，在举手投足之间，就可以展示出一个人的品质。身体的每一个姿态，都是一种语言。当热情、开放地待人和封闭、敌意地对人时，身体都会潜意识地表现出不同的姿态。一个好的导购员可以用标准的身体语言，表达出对顾客的关注、热情和友善。体态容貌的训练是导购员重要的能力培养，良好的姿态不但表现出自身的良好心态，也能给顾客传递良好的信息。体态和面容可以通过专门的礼仪课程进行训练。

（三）微笑

微笑有如此之大的感染力，专家研究发现，无论是否意识到这一动作的发生，我们都将会自动地在脸上复制出见到的任何表情。这就解释了为何微笑会具有如此大的魔力，为何你需要常常以笑脸示人，即使是在不情愿的情况下也不例外。因为你的笑容将会直接影响他人对你的看法，并且决定对方回应你的心态。当你向他人露出笑容的同时，对方心中也会自然产生出一种好感。研究证实，会面时，双方如果都面带笑容，就能够使绝大多数的会谈进行得更加顺利，会谈的时间也会相对延长，而且会谈后通常也能获得对双方都更加有利的结果。想获得这所有的一切，你需要做的就是慷慨地展露自己的笑脸，并且让微笑成为自己的一种生活习惯。

（四）服饰

合格的服装导购员可以从注重服饰美做起。要知道服装导购员每天要接待众多的顾客，导购员的仪表会给消费者留下第一印象。大方得体的着装，表现了个人良好的精神面貌，也代表了整个店铺的良好形象，它往往直接决定和影响着顾客的购买情绪，也直接决定了导购服务工作的成败。着装高雅，彬彬有礼的导购员会增加顾客对购买衣服的信心。

二、礼仪训练的方法

（一）微笑标准和训练方法

微笑时面部表情和蔼可亲，伴随微笑自然地露出上8颗牙齿，嘴角微微上翘；微笑注重“微”字，笑的幅度不宜过大。这也是不成文的“标准”，微笑必须出现在导购员和顾客面对面3米左右“能见度”内。微笑时真诚、甜美、亲切、善意、充满爱心。口眼结合，嘴唇、眼神含笑。微笑的训练方法包括模拟微笑训练法、情绪引导法、咬筷训练法3种，具体如下。

1. 模拟微笑训练法

方法（1）把手举到脸前，双手做“拉”的动作，一边想象笑的形象，一边微笑起来。

方法（2）把手指放在嘴角并向脸的上方轻轻上提，一边上提，一边使嘴角充满笑意。

2. 情绪引导法

情绪诱导就是设法寻求外界物的诱导、刺激，以求引起情绪的愉悦和兴奋，从而唤起微笑的方法。诸如，打开你喜欢的书页，翻看使你高兴的照片，回想过去幸福生活的片断，播放你喜欢的、容易使自己快乐的乐曲等，以期在欣赏和回忆中引发内心快乐和微笑的表达。训练者可用一张白纸遮住口鼻，仅露双眼，观察眼睛是如何传递内心感受的。眼睛是心灵的窗户，真正的笑容是在情绪愉悦的状态下，通过眼神表达出来的。

3. 咬筷训练法

轻咬一只筷子，使嘴部肌肉收缩，双唇微翘，练习控制微笑的面部肌肉。可以用一张纸遮住面部，只露出双眼，让他人判断你是否在微笑。

（二）姿态训练

图1–1 站姿要领

1. 站姿

头要正，肩要平（抬头、挺胸、收腹）；双肩微向后引，胸部自然挺出；两手臂自然下垂或两手交握于小腹前；两膝加紧。两手“V”形，左（右）压右（左），拇指抵肚脐眼（图1–1）。

身体呈“丁”字形：身体整体扭转向一侧，需转正上身，哪只脚在后，哪只手就放在上面。

站立时，切忌无精打采，懒散地依靠在墙上、柜台边；不要低头、含胸；不要将身体的重心明显地移到一侧；不要下意识地做小动作；不要将双手插在裤袋里面；忌双手交叉抱在胸前，或双手叉腰。

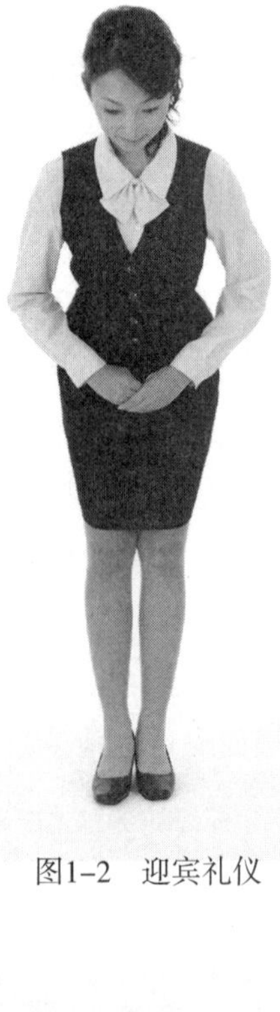

图1–2 迎宾礼仪

2. 走姿

走步时双臂自然摆动，双眼平视前方。严禁左顾右盼、盯着顾客上下打量。行走过程中不要忽左忽右，摇头、晃肩、扭臀、勾肩搭背，双手反背或插入裤袋。

3. 手势

介绍产品时，手指自然并拢，手掌向斜上方倾斜30°，以肘关节为轴转向目标；严禁用一根手指指点方向，摆手回答或用手做小动作。

4. 迎宾

导购员站立在容易观察顾客、接近顾客的位置，面向顾客正确站立，说出欢迎词后，鞠躬30°，保持微笑，确保起身时微笑与顾客眼神接触（图1–2）；顾客跨进店内之后，身体前倾15°，左手（或右手）五指并拢，掌心向上，柔和地伸出手指向店内，做欢迎和指引动作，并说出欢迎语言。之后侧面移动两步让出进店路线。

（三）着装

身为服装导购员，必备的服饰美是最基本的标准。如果导购员都穿得不到位，怎么能够把服装卖给顾客呢？

1. 服装样式要和谐大方

很多商场为了统一导购员的服装而定制了工作服，其目的是为烘托出卖场的个性与整个团体的魅力，可是有些人却不喜欢工作服，把工作服修改了，造成导购人员的整体着装给人一种凌乱的感觉，这就与统一工作服的目的背道而驰。服装导购员的衣着应该本着美观大方、利落，合时合体的原则选配。

2. 穿戴要整洁

从顾客的心理角度来看，店面环境是否清洁卫生，直接影响着他们的购买情绪。假如导购员衣冠不整，腿上罩着满是漏洞的丝袜，凡是看到这种景象的人会是什么感觉，还有谁会前来选购商品？因此，导购员的衣着要整洁得体。

3. 可自由选择潮流服装

很多服装店为了宣传自己的新款服装都会让导购员穿上潮流服装来招揽顾客。这种情况一般会出现在专卖店或者对于着装没有统一要求的商场服装专柜。在这样的导购环境里，对于服装的选择会有一定的空间，但是也要遵循一定的法则。其一就是导购员的服装要统一，即使是每天身着不一样，也要让当天店里的导购员保持统一的着装。纷乱的导购服装会给顾客凌乱的感觉，而且也难以辨认谁是导购。其二是服装大小要合体。这样不仅仅是为了突出导购员自身的美丽，也是为了给顾客营造一个良好的购物印象。即使导购员身着再潮流的服装，但如果选择了偏大或偏小的号码都会使服装的美感丢失。

三、礼仪情境训练（图1-3）

1. 情境设置

尽量选择与真实的销售店铺相似的环境进行训练，有条件的学校可建设市场营销仿真实训室，无条件的学校可将一般教室的桌椅按照店铺陈列的方式重新摆放，并辅助图片或模拟实物。

2. 分组

将学生分成对手组，一人扮演顾客，一人扮演导购员；多组可同时进行训练，完成一个训练流程后互换角色。

3. 着装

导购员尽量穿着规范的职业套装。

4. 训练的流程

按照店铺接待顾客的一般规律，分为四个阶段，包括：问候、接近、引导、介绍。训

问候　接近　引导　介绍产品

图1-3　迎宾礼仪情境训练

练前学生先要针对四个阶段，准备好问候语，并熟记。

（1）第一阶段：问候。在顾客进入店铺前，整理衣物，当发现有顾客进入店铺，3秒后微笑面对顾客并问候顾客。

（2）第二阶段：接近。仍然按照3秒原则，即每隔3秒观察顾客一次，当发现顾客有特别关注的商品时，接近并询问顾客。

（3）第三阶段：引导。通过规范的手势，引导顾客到新品区或者折扣区进行选购。

（4）第四阶段：向顾客介绍产品。

思考讨论

1．服装导购员需要掌握哪些销售知识？除了教材中提到的知识，还有哪些？

2．服装导购员如何培养良好的销售心态并捕捉客户的需求和欲望？

3．服装导购员在销售过程中如何有效把握销售礼仪？

第二章 服装导购过程

【学习目标】

知识点：

1．了解顾客的心理活动、行为特点。

2．了解顾客的需求及其特点。

3．了解人际交流的基本方法和心理规律。

能力点：

1．能够通过观察了解顾客的基本信息、气质特征等。

2．能够通过倾听拉近与顾客的距离，并了解顾客的需求。

3．能够选择恰当的方法接近顾客，并建立良好的关系。

【引导案例】

GAP的空间

美国GAP品牌创建于1969年，是和ZARA、H&M并肩的美国最大的服装零售商，现有4200多家连锁店。它和麦当劳一样，在最短的时间内实现了最大的扩张。

GAP店铺给顾客的感觉是你不用思考什么，店员们会张开双臂迎接顾客，鼓励他们去摸、去试，但并不会围绕在顾客的左右，即便顾客多次试穿后仍无法决策，也不会感到尴尬。为了让顾客方便自在地选购衣服，店家在卖场布置上费尽了心机。不仅将衣服的尺码细细分好，一起搭配的衣服也一并进行了陈列展示。不管顾客在店内选购什么服装，都特别容易找到合适的搭配，是这里的最大特点。店内为一条长裤提供了很多可以搭配的衬衫、夹克，即使顾客完全不知时尚为何物，穿上这一身也不会显得落伍。

GAP店内还特意将产品摆放在很容易弄乱的大桌子上，顾客在选择的过程中很容易将桌子弄乱。重新折叠、摆放衣物让导购员有事可做，关键是导购员可以近距离地与顾客进行交互，而不让他们感到被特别关注。

在我国的“人际关系学”中，将人分为熟人和生人。熟人之间讲感情、有诚信，生人之间冷漠，缺乏信任。顾客和导购员初次见面是两个陌生人的相遇。是否能在恰当的时机接近顾客，交换信息，建立“熟人”关系，关系到销售活动能否顺利进行。有许多销售活动因为导购员和顾客不恰当的接触，在初期就宣告失败，那么，导购员应该怎样接近顾客呢？

当一名顾客来到店内，以下情景也许会让他感到不舒适：

常常有双眼睛注视着顾客；

导购员总是尾随着顾客；

导购员的热情让人感到“另有所图”；

顾客招呼了很多次，却没人搭理；

导购员态度冷淡，是不是看不起人？

不恰当的接近方式，导致了顾客不舒适的感受，阻碍了良好顾客关系的建立。这里需要怎样的能力？

第一节　观察顾客

一、导购的观察力思考

每个人都有一套独一无二的心理活动方式，那就是自我的内心世界。但是，对于他人的心理世界，又如同一个黑匣子，难以捉摸。如何去了解顾客心理，知道他们的需求，体会他们的感受呢？一切内心活动都是和人们的外显行为紧密联系的，打开他人的内心世界，可以从观察他们的一言一行开始。

如果只是看的话，那么你只会得到一半的答案。在一名顾客进入卖场大门时，你要仔细寻找线索、思路和话题。他或她的服装品牌、搭配、色彩、服饰以及提包，他或她的身体姿态、面部表情、眼神，都是观察的对象，同时也是思考的对象。关键是你能否把它们联系起来。例如，一位女性顾客拿着一个提包，并时常将其放到显眼的位置，在试衣服时总是拿着提包照镜。她会引起你怎样的思考？这位顾客非常中意她的提包，并围绕着提包展开服饰搭配。如果导购员能给予她提包欣赏和赞美，并提出合理的搭配建议，必然会抓住顾客的心理。这就不仅是看了，而是观察。

只有细心的观察才能够了解事实的真相。想一想自己当前观察事物的方式，是走马观花地看还是专心致志地看？是带着客观欣赏的方式看，还是带着主观有色眼镜看？看的时候是否注意到了每一个细节？这些细节有什么地方引起了你的思考？有什么地方激发了你的灵感？如果你对上述所有问题都有答案，那也就说明你已经掌握了观察能力。努力让自己的目光指向周边的人和事，认真地看，努力地思考，这是导购员的基本技能之一。

二、提升观察力的方法

（一）观察是导购员的自我突破

1. 观察时避免以我为中心

生活中我们的眼睛并不经常观察周边的人和事，其实我们最留意的是自己。90%的人走过镜子前都会偷瞄自己，把大部分的精力用于关注自己。有的人在人多的场合很紧张，非常害怕犯错，以至于不愿意出席公众活动，实质上这些人将注意力太多地放到了自己身上，过多地关注带来过度的紧张。心理学称这种现象是“聚光灯效应”。

如果一个人努力将自己的注意力转移到周边的人和事上，就会对人生产生新的感受。如果一名导购员能把自己的注意力转移到顾客和相关的事务上，那么他每天就会看到很多有价值的东西。培养那种以积极态度注视事物的习惯，有利于导购员观察力的提升。

2. 观察时要避免先入为主

很多青年演员不愿意演反派角色，因为如果成功塑造一个反面角色，会给观众留下反派的印象，要想消退这种印象会非常困难，甚至会影响到他们日常的生活，在很多人眼里他的一言一行都很“坏”。这种现象就是经常被提到的“先入为主”，或者通俗地说就是“戴着有色眼镜看世界”。人们经常会不自然地调动主观经验，在还没观察之前，就已经有了结论。这时人们会按照自己已有的观点，有选择地“观察”，那些符合观点的现象会给予更多的关注，而那些不符合观点的现象则会被忽视。那些已有观点会被不断肯定，即便这种观点是“偏见”。

3. 突破自我是观察中的最难点

观察者要放下先前的知识、经验、主观体验，进行客观的观察，将自己的眼睛放在观察对象的每个细节上，尽可能多地采集客观信息；当信息收集后，又要依靠过去的知识、经验对信息进行整理和判断。先放下，再拿起，这种尺度的把握，说说容易，在实际操作中却很难辨别，要求观察者不断审视自我，保持客观的态度、理性的头脑。

为了使自己的观察更加客观，不妨学学福尔摩斯观察人的习惯，很值得借鉴。福尔摩斯看人先从脚开始，自下而上地观察人。为什么不看对方的脸？如果一开始看人的脸，就有可能主观地对这个人进行评价，而忽略很多重要信息。一个人的脚就会透露很多信息，例如鞋子，如果一个人的鞋子很脏，排除天气的因素，它可以反映出人的生活态度或者是他的性格，这为后面的观察提供了依据。你可以继续观察他的裤子、腰带、身体姿态，最后是他的脸。自下而上收集的信息，帮助福尔摩斯产生对人的初步判断。

（二）导购员的观察方法

首先，观察必须有明确的目的。在观察事物之前，明确观察的目的，根据这个目的制订观察计划，然后一步步地系统进行，这样才能保证不遗漏有用的信息。导购员观察的目的是为达成销售，收集顾客以及与销售活动有关的信息。因此，导购员需要有计划地从顾客的穿着、肢体动作、面部表情以及销售的情境中获取有价值的信息，判断顾客的性格、喜好、需求和风险。

心理学的一个实验，证明了有目的地观察的重要性。40位心理学家正在开会，忽然，一个人冲进会场，另一个手持短枪的黑人紧追而入，两个人当场搏斗起来，一声枪响之后，两个人又一道跑了出去。这个紧张的场面仅仅持续了20秒。接着，会议主持人要求在场的心理学家们立即就这次刚刚经历的惊险写下目睹记。在40篇报告中，居然有36人没有察觉到那个黑人是光头。心理学家的观察力一般都应当是比较强的。但是，这一次，为什么有这么多人在观察时失之偏颇呢？这是因为，心理学家们事先没有思想准备，事发突然，他们没有明确的观察目的，也没有任何观察计划。这一事实说明，要进行有效的观察，必须明确观察目的，制订相应的计划。

其次，观察顾客要遵循“3秒原则”。即每间隔3秒观察顾客一次。为什么是3秒，不是1秒、2秒？时间间隔过短，会让顾客感到他一直在被人关注。当顾客感到一直被关注时，行为会显得不自然，并感到压力，造成无意识地逃避。即使是间隔3秒观察一次，也要避免长时间凝视对方，导购员应该在第一次接触或招呼顾客时，眼神快速掠过对方。在这略过的一瞬间，导购员应该关注顾客的鞋子、着装、饰品、体态、姿势、面部表情，眼神自下而上，一扫而过，如同摄像，然后在头脑中形成顾客的形象，并进行判断和思考。

为什么不是5秒、10秒？许多基本的生理活动，人们都倾向于进行3秒爆发。再见时的挥手、音乐片段以及婴儿的一阵阵咿呀学语和手势，这些活动持续的时间都是3秒。呼吸和某些神经系统的功能运行也是如此。如果超出3秒观察，导购员就会错过一些信息，如顾客发现的惊喜、四顾的迷茫、欣赏的喜悦、无助的彷徨等，这些可能就在顾客的举手投足间表现出来，抓住这个瞬间，就会为导购员的营销提供一个机会。

最后，观察要注重细节。美国有部电视连续剧*Lie to me*，讲述了美国专业特工人员掌握的一种技术——观察人的微表情，判断人的心理，以及他们是否在说谎。不仅仅是微小的面部肌肉变化，人的肢体语言、着装打扮、使用的工具等都能投射出人的心理。这就需要导购员细心观察，注意每个细节。所谓“一树一菩提，一沙一世界”，细节改变命运。销售活动原本就是由无数细节构成的，决定销售成败的必将是微小的细节，细节的竞争才是营销活动最高和最终的竞争层面。

下面这个故事相信会对你有所启发。

一家公司招聘，经过了第一次面试之后，其中一些人被淘汰了，而被筛选出来的这些人就开始了第二次面试。在面试当天，其中一个第一次面试中被淘汰的人，在第二次面试的时候又出现了，并要求面试的老总给他这次机会，老总对这事很感兴趣，答应了他的要求。面试的时候有两个人，老总与被招聘者面对面攀谈，而另外一个人在扫地，是一位年老的清洁工。轮到这个被淘汰的人与老总面对面攀谈时，老者给面试者倒了一杯水，然后就继续扫地去了。被淘汰者看了老者一眼，然后开始回答老总的问题。

被淘汰者自己介绍，他曾经在十家企业工作过，但是这十家企业都先后倒闭了。这时候，在场的人都笑了。他继续说："我的确很倒霉，先后工作的企业都倒闭了，但是在不断失去和寻找工作的过程中，我习惯了仔细观察工作环境和公司的每位员工，了解公司的发展状况，以便提早为寻找新工作做准备，这样训练出了敏锐的观察力。比如，老总您并不是真正的主考官，那位老者才是真正的主考官。"

令所有面试者惊奇，那位老者慢慢把自己的清洁工衣服脱掉，露出了里面的黑西服。他笑着走过来对被淘汰者说："我不知道自己的演技哪里出错了，居然被你看出了破绽。"被淘汰者答："我观察你的步伐，观察了你的鞋子、裤子、衣服上的袖口，然后又看到这个洁净的招聘现场根本不需要清洁工在这里打扫。进行了上面的综合评定后，再进行推理，就可以确定答案了。"

之后的结果大家可能都猜到了，这个原本第一轮被淘汰的应聘者，被这家公司录用，并担任了市场部的总经理。

（三）观察的内容

1. 着装观察

顾客逛商场，着装属于非正式场合的出行装。一般人在这种场合的着装，一方面要展示自我，另一方面会顾及他人的看法。那些乐于或希望展示个性、较少顾及他人看法的人，会选择新、奇、潮的服装；反之，则会选择更大众或掩饰自我的服装。然而，无论哪类人他们都会精心设计自己的服装，再普通的着装，也有自我表达的痕迹。用欣赏的眼光寻找顾客着装的细节，必然会有所发现，认真地思考，就能找到与顾客沟通的渠道。

着装观察的内容：品牌、搭配、潮流、色彩、整洁、装饰等方面；着装观察的思考：顾客的社会角色、性格、爱好、自尊等。

2. 面部表情观察

人们能够控制自己的表情吗？人们在不高兴的情况下可以假装微笑，在孩子面前可以假装拉长脸，生气。但是这种控制是有限的。美国心理学家发现，人类的面部肌肉十分丰富，大肌肉群可以有意控制，但一些面部肌肉是无法有意控制的。人的"微表情"也是无法有意控制的，它会不自然地流露出人们内心的真实感受，所以有人称"脸是思维的画板"。

掌握一些基本的观察能力对导购员的工作非常有利。例如，从顾客的眼睛中，可以发现他们的态度。当导购员为顾客介绍产品时，如果顾客不喜欢某个产品，他的瞳孔会收缩，下意识地眯眼睛，这个动作仅在1/4秒就完成了；如果顾客喜欢某个产品，他的瞳孔会扩张，下意识睁大眼睛，身体也会倾向产品。这些细节足以让导购员选择进一步推介的对象和内容了。有兴趣的读者可以阅读《FBI教你读心术》，结合日常生活的积累，学会观察顾客表情。

3. 顾客姿态观察

你注意过顾客的身体语言吗？不要忽略了这个细节，顾客的举手投足往往反映了他的内心想法。如果学会观察并解读顾客的身体语言，那么导购员就可以了解对方的情绪与态度变化，从而知道自己应该何时改变应对措施。

作为一名导购员，一定要学会解读顾客的身体语言，这样才能够随机应变，达成销售的目的。越是远离头部的身体部位，通常越容易被忽视。事实上，身体表达了人们的真实想法，比如，一个人的脚是不会撒谎的。当一名顾客的双脚指向门口的方向，表示他将要离开。

据说，科学家们已经识别出了大约40种不同的走路姿态。这看似很多，但是稍稍回顾一下不同电影人物的步态，像查理・卓别林、周星驰、周润发，他们每个人都有自己的走路方式，而人们总能从他们的步态中看出一些个性信息。

姿态观察的内容：手势、脚的朝向、躯干、步态等；姿态观察的思考：购买的欲望、兴趣指向、对导购员的态度等。

4. 购物环境观察

购物环境是店铺自己布置的，还需要观察吗？事实上并不是让导购员观察静态的店面布置，而是要了解物与人的关系，以及静态的购物环境和置身其中的顾客的关系，还有顾客和顾客、顾客和导购员之间的动态关系。日本7-11便利超市，每天要求员工调整货柜4次，就是要发现不同时段不同顾客选取商品的差异以及他们习惯性的选取方式，最终目的是让最需要的商品出现在最恰当的位置。

店铺陈列不仅仅关注一种视觉美感，更关心顾客在其中的感受以及是否能激发他们的购买欲望。如果顾客在店铺购物时愉悦、自在，就会增加他们在店铺停留的时间，激发他们的购物欲望。每一种购物的感觉，都是从每一个细节中渗透出来的，有时静态的摆设发生细小的变化，就会影响到顾客购买行为的变化，发现人和物的关系，动和静的关系，就是这部分的观察重点。

三、导购的观察力训练

（一）静态观察训练

人的观察力并非与生俱来，而是在学习中培养，在实践中锻炼出来的。以下任务，学生在业余时间自行完成，只要坚持十天认真训练，观察力就会得到提高。

在房间或屋外观察周围的景物特征，然后闭上眼睛回想，重复几次，直到每个细节都看到。可以观察地平线、树木的形状、衣服的颜色、人们走路的姿态等。要不断改变目光的焦点，尽可能多地记住完整物体不同部分的特征，记得越多越好。在观察之后，闭上眼睛，用心灵的眼睛全面地描绘景物，然后睁开眼睛，对照实物，校正你内心的印象，然后再闭眼描绘、睁眼校正，直到景物完全相同为止。一开始，也可以选择一些画，作为观察的对象，便于训练。

（二）动态观察训练

以中等速度穿过食堂、图书馆、教室、商场等人流较多的公共场所，迅速留意尽可能多的人，眼睛像闪电一样，在眨眼的工夫，即0.1～0.4s之间，去看眼前的人，然后回想他们的样子。例如，看一张陌生人的面孔，然后回想其特征，如眼耳口鼻的特征，面部的表情，皮肤的色泽等；看他穿着的服装，然后回想细节，如领、袖、品牌、颜色以及破损、污迹等。这样的动态观察不仅可以有效锻炼视觉的灵敏度，而且可以锻炼大脑的瞬间注意力。

（三）实战观察训练

在认真完成静态、动态观察训练后，学生的观察力会有很大程度的提升，这种提升还需要在实战中检验。以下任务要求学生在实习店铺完成。

观察进店的顾客。注意“3秒原则”，进店前3秒不要注视顾客，3秒时，侧目迅速观察顾客，然后回忆顾客的穿着、表情和姿态，并做出初步的判断，如顾客的身份、性格、购买欲望等。

在与顾客打过招呼之后，每隔3秒留意一次顾客的表情、身体姿态，寻找接近的机会。观察要快速，不要让顾客感到被关注。随着观察的丰富，修正自己的最初判断。

第二节　接近顾客

一、接近顾客的要领

正如前面提到的，中国人对待陌生人的态度很冷漠。设想一下，如果有个陌生人突然走近你，你的第一反应是什么？大部分人是躲避、防备，这为导购员的推销工作带来了巨大的挑战。怎样以一种恰当的方式接近顾客，成为了导购工作的一个重要环节。

顺利接近顾客，需要做出以下三方面的努力。

1. 做顾客容易接纳的人

一是必须让顾客第一眼就可以识别导购员的身份。表明身份非常重要，这一点往往被忽视，它可以让导购员第一时间和顾客建立明确的关系。表明身份不一定是语言上的自我介绍，可以通过很多细节表示，让顾客感知到。二是必须让顾客感到导购员的热情。无论是表情、身体姿态或是语言，都要让顾客感到导购员的友善和热情。导购员需要改变生活中的习惯动作，通过更专业的表达，让顾客直接感受到热情。

2. 以恰当的策略接近顾客

接近顾客，首先必须给顾客足够的空间和时间。让顾客在卖场中保有自己的空间和一定适应的时间，让他们逐渐放松下来。导购员还需要掌握顾客进店后的行动轨迹，然后选择恰当的站位，以便和顾客相遇。同时，导购员还可以构思一些策略，设计一些情境，从而和顾客在自然的情境下完成初次交流。

3. 熟练掌握开场白

导购员和顾客的交流中，说话的机会并不多，导购员要用精练的语言对顾客产生影响。这种语言要经过精心地设计，反复地操练，并选择恰当的时机进行表达。见到顾客，开口应该说什么？怎样将顾客引导到销售区域？怎样减少顾客的拒绝？这些都是导购员要学习的开场白技巧。

二、接近顾客的过程

（一）做顾客容易接纳的人

1. 表明导购员的身份

要想在第一时间不被顾客排斥，导购员首先要表明自己的身份，两个身份明确的人交流起来就不再是完全的陌生人了。

比如开场白的第一句。

“您好，能为您做点什么？”

“您好，我是×××品牌的导购员，能为您做点什么？”

这两句话最大的区别是后者表明了自己的身份，确定了客服关系，使顾客第一时间明确在和谁交流。有些人认为这并不重要，既然导购员站在那里，说出上面的话，顾客自然可以猜出他的身份，真的是这样吗?

把自己放到顾客的角度，当你逛街的时候，特别是在一些大卖场时，你是否总是很清晰地知道自己身在哪个品牌区域？答案是否定的。你是否曾经错误地招呼了导购员，有时把身边的顾客当成导购员，有时把另一个品牌的导购员招来。如果你换位思考一下，你就可以真切地理解第一时间澄清身份的重要性了。

除了语言的自我介绍外，导购员还可以通过着装向顾客表明身份。导购员的着装应该规范，一般情况下导购员应穿着深色马甲、浅色衬衣。有时有些导购员会穿着当季热销的服装，作为模特生动地把服装展示给顾客。但是这种穿着并非是随意的，首先，要选择那些比较合体的服装，避免穿着过于宽松或紧身的款式；其次，同一品牌导购员的穿着要统一；另外，要配戴明显的身份牌。

2. 让顾客感到导购员的友善和热情

首先，导购员要保持微笑。每天进入工作状态前，调整好自己的心境，让快乐的心情洋溢在脸上，这样能感染周围的每一个人，包括顾客。要保持微笑，不论是迎宾或是交易还是送客，各个环节都应让顾客感到导购员的热情和友善。

其次，使用开放的身体姿态。导购员应该使用标准的站姿、走姿、手势，切忌使用封闭的姿态。有人专门对站立的姿态进行了研究，发现不同的姿态反映了人们的不同心理状态，并提供给对方沟通的信息。例如图2-1所示，左数第2人，交叉双手表现出他的抗拒和敌意，给人以“拒人以千里之外”的感觉；左数第4人，双手插入口袋，显得自卑、紧张，缺乏自信；左数第1位女性，双臂打开朝向左数第3人，表现出热情和接纳；左数第3人，虽然面向两位男性，但从脚的朝向可以判断出他对那位女性的好感。人的内心是无法直接洞察的，但人的行为可以表现出心理活动。

图2-1 姿态与人的心理状态

（二）以恰当的策略接近顾客

1. 空间距离

每个人都有自己专属的个人空间，它仿佛是一个便携式的大气泡，无形地环绕着人们的身体。不管走到哪里，这个“气泡”以内的空间都是私人空间。私密空间的半径大小为0.15～0.45m，人们对于这个空间有着格外强烈的防护心理。只有特别亲近的人或者动物才会被允许进入这个空间，否则将启动攻击或逃跑的状态。私人空间的半径大小为0.46～1.2m，相互熟悉的朋友在一起时，会保持这个距离。社交空间的半径大小为1.22～3.6m，初次见面的人会保持这个距离。公共空间半径大小为3.6m以上，当处在完全陌生的环境中时，保持这个距离会让人们感觉比较舒服。

与顾客保持多远距离，才能让他们感到放松呢？当导购员准备打招呼或即将要招呼时，最好和顾客间保持在3.6m左右的距离，这种距离能让顾客感到比较舒服和安全，在逐渐交流和熟悉后，可将距离缩短到1.22m。在交流的过程中，可以逐渐缩小距离，但不要轻易突破私人空间，更不能闯入顾客的私密空间，这样会让顾客潜意识地选择快速逃离。如果有多名顾客同时在场，比如两名，导购员要坚持“正中间法则”这一礼仪，为了维持人与人之间融洽的气氛，你离一名顾客太近，他会有压迫感，离另一名顾客太远，他会怀疑你是不是讨厌他。

初次见面千万不要勾肩搭背，即使你表现得非常友好和善，对方也会十分反感。尽管他们可能满面笑容，但这也许仅仅只是因为他们不想得罪你。如果你想给别人留下好印象，就一定要遵守“保持身体间距”这一黄金法则。只有和顾客的关系到了更加亲密的地步时，顾客才会愿意导购员进一步靠近他。随着大家彼此之间的了解逐步加深，身体之间的间距就会缩短。但很少有顾客愿意让导购员进入私密空间。当然，研究也显示，偶尔轻微的手肘相碰，会增加两者之间的好感，在引导或物品递交时，发生手肘的轻微身体接触，往往会给顾客留下较深刻的好印象。

店销空间应预留顾客的私人空间，比如摆放一些休息的座椅，椅子面向展窗、展台、新品区，但不要面对导购员站立位或收银台，让顾客在店铺环境中确定自己的空间。导购员不能随意地将自己的私人物品摆放在卖场内，这意味着卖场内的空间都属于私人空间，顾客进入其中就会产生压迫感。

2. 目光交流

很多人都曾经听到过这样的教导，在推销的场合，应该从见到对方的第一眼开始就始终和对方保持积极的目光交流，直到自己落座为止。但是这种做法却会给顾客造成麻烦，因为这违反了和陌生人第一次见面的一般行为习惯。顾客进入陌生环境时，习惯于先打量导购员的头发、双腿、身材以及整体精神面貌。当顾客进店时，给顾客提供3秒时间，让他可以从容地上下打量你，形成对你的总体印象。你可以利用这点时间整理服装，然后抬起头，看着顾客。这样的策略不仅会使导购员给顾客留下较好的第一印象，而且有助于为顾客提供一个放松、自然的购物环境。

在接下来的交流活动中，导购员与顾客的目光交流要根据实际的情况而定。向顾客展示产品时，大部分时间，目光要随着自己手指引导的方向指向介绍的产品，间歇时间关注顾客的表情，实际上是观察顾客对所介绍产品的兴趣和关注度。在相互交流的前期，不能长期将目光停留在顾客身上，这会使顾客感到压力。反之，也不能总是将目光停留在产品上，与顾客无眼神交流，这样会让顾客误解导购员不诚实或感到被忽视。

当与顾客交流比较融洽后，可以与顾客间有更多的目光交流。应注意，目光不能直视顾客的眼睛，而应该游离在面部的三角区。当倾听顾客的需要时，身体应微微前倾，目光专注，这样会给顾客一种诚恳、耐心、尊重的感受。

3. 设置自然交流的情境

回想一下GAP专卖店，他们为什么特意将产品摆放在很容易弄乱的大桌子上？重新折叠、摆放衣物增加了导购员的工作量，但是却创造出了一个自然的情境，在这个大桌子前，顾客随意地挑选，导购员忙碌地叠放，大家很自然地融合在了一个空间内，空间距离被合理压缩，增进了导购员和顾客之间的亲密感，提供了互动的机会。

陈列的研究者发现，顾客进入店铺，他们的行走轨迹和停留区域存在一定的规律（图2-2）。若导购员的站位选择合理，就可以在恰当的位置和顾客相遇。请不要站在门口，更不要第一时间面对着顾客站立，那样做你失去的顾客远远多于你获得的。你可以站在F3～F5展柜前整理衣物，让顾客进店时可以发现你的存在。

（三）熟练掌握开场白

做好充分准备。一个笨嘴拙舌、满口托词、只会说抱歉的导购员是无法建立购买者信心的。导购员需要设计一套适合自己的开场白。设计的言语在最初开始表达时会显得很生涩，但只要反复练习，就会变得越来越自然，再经过实战的磨炼，你的表达就会越来越流畅，并能根据实际情况变通。

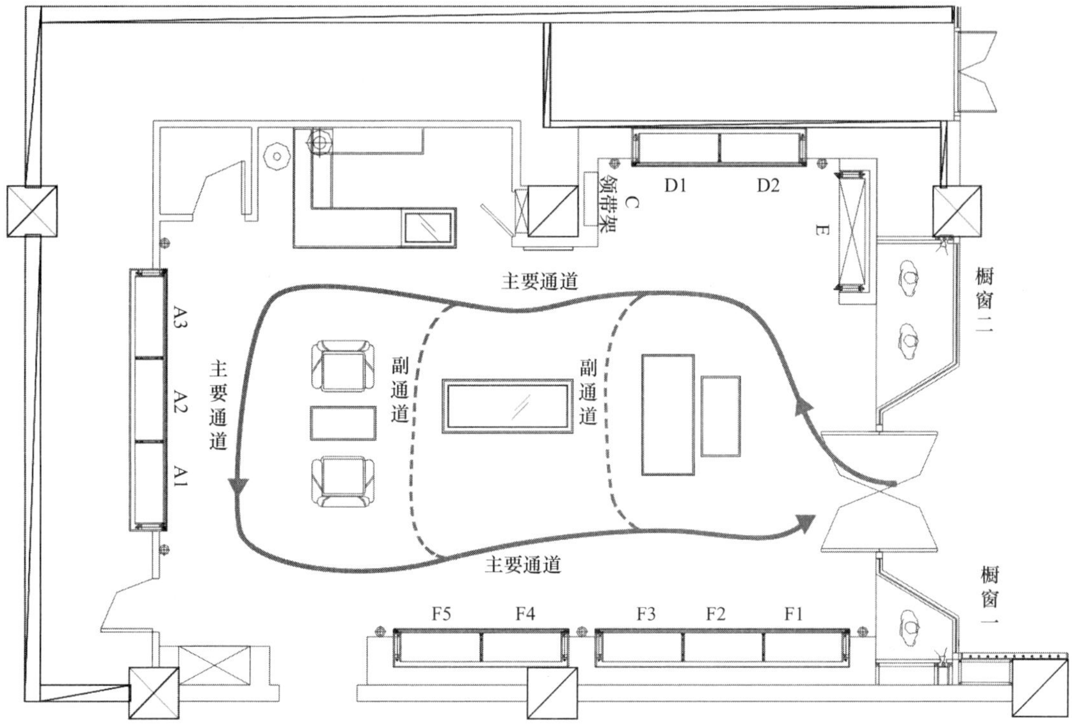

图2-2　某品牌专卖店平面布置图

当导购员初次和顾客见面时，留给他们表达的机会并不是很多，能在第一时间接近顾客，留住顾客，导购员需要认真设计自己的开场白。每一位导购员都应该设计自己的开场白，并加以练习，在见到顾客时脱口而出。并不是每位导购员的开场白都要一样，这样会使顾客厌烦，所以要创新，但更重要的是能吸引顾客，让他们愿意接受后续服务。

第一句话：您好！欢迎光临。　　　　　　　　　　　　　　　　错

在平时交往中，这样的一句话没有问题，但对于营销活动它没有实际的意义。

对照：您好！欢迎光临×××专柜。　　　　　　　　　　　　　对

与上一句比较，这句话提供了一些有价值的信息。并不是每一位消费者走到柜台前时都清楚地知道所属品牌和产品，简单的问候中加入有价值的信息，可以引发消费者的注意和知晓。

第二句话：这是我们的新款。　　　　　　　　　　　　　　　　对

任何人对“新”都会产生好奇心，这句话会引导消费者对具体营销的产品产生关注。

第三句话：店铺正在做活动。　　　　　　　　　　　　　　　　错

几乎所有品牌都在做活动，这句话无法传递给消费者有价值的信息，不能将产品和其他品牌产品区分开来。

对照：店铺正在搞×××活动。　　　　　　　　　　　对

我们做的是什么活动，要讲出具体的名称，例如，春季产品促销活动，让消费者知道活动的内容和活动的原因。

第四句话：这种款式只能在这家店铺找到。　　　　　　　对

让顾客感到这是唯一的机会，唯一性使消费者产生紧迫感。这句话适合于那些表现出明显偏好，对具体产品产生兴趣的消费者。

对照：店铺的活动到明天就结束了。　　　　　　　　　对

时间期限，也可以让顾客产生紧迫感。

对照：这个款式最近卖得很火，今天就卖出了×××件。　对

这句话让消费者感到产品在热卖中，消费者感到他和大多数人的判断一致，从而产生从众心理。但是，对于一些高档品牌的服装产品，特别是新品，这句话要慎用。

第五句话：您需要什么？您需要帮助吗？　　　　　　　错

这样的问句，得到的回答可能是"不需要"，结果营销活动又回到了起点。

对照：我来帮您介绍！　　　　　　　　　　　　　　对

单刀直入，不要给消费者回绝你的机会，直接引导消费者来到产品前，不要再问消费者愿意或不愿意！

三、接近顾客的实践训练

这一环节的实践活动，通过情境设置、角色扮演来实现。

1. **情境设置**

有条件的学校，实践活动最好在实践实验室完成，没有开设营销实验室的学校，可将教室桌椅重新排放，尽量接近于营销陈列的方式。扮演导购员的学生尽量穿着职业套装，小组成员着装尽量一致。

2，**实践分组**

按照小组分配任务，各小组轮流扮演导购员，未轮到扮演导购员的小组扮演顾客。

3. **语言设计**

每个小组要事先设计好情境交流的语言。一是导购员的开场白。按照小组原定的销售品牌，结合该品牌销售情况设计开场白，并熟记；二是顾客的问题，根据销售现场收集到的顾客信息，设计一些顾客经常提出的问题。

4. **实践活动**

在虚拟销售场景中，每组的导购员预测顾客进店后行走的路径，确定自己站位，按照事先设置的策略接近顾客，建立初步的销售关系。

5. **评价**

评价包含两个部分，即教师评价和学生互评。教师评价主要是针对各小组准备的认真程度，设计的策略是否有创新，设计的语言是否掌握熟练，是否符合销售的基本原则等几

方面进行打分。学生互评时扮演顾客的学生为导购员打分。主要是从顾客的角度出发，评判是否感受到满意的服务。

第三节　倾听顾客

一、学会倾听顾客

“聽”在《说文解字》中是这样解释的：它是由“耳、壬、直、心”四字会意。“壬”就是人直立的样子，整个字的意思就是声音通过耳朵直达于心，用心领悟。古人就是这样强调“听”的。倾，即用尽全力；倾的另一个意思也很形象，即倾斜，一个倾听者的身体会自然向着倾听对象倾斜。对于导购员来说，倾听是一项非常重要的能力。

一位顾客与导购员说了几分钟的话后提高声音说道：“我说什么你根本没听进去。我有问题要咨询，而你根本没在听我讲话。到底有没有人关心我的问题？我还不如跟一面墙说话。”有效倾听的缺乏是最常见的人际沟通问题，也是导致顾客不满的一个重要因素。专注就是给予他人的一份最好的礼物。每个人都希望自己被听到、被理解、被尊重和被喜爱。太多人选择开口说，而极少数人选择倾听。花时间去倾听，花工夫去提升倾听技巧吧。乔·吉拉德曾经说过“如果你成为一位好的倾听者，你就会成为一位更好的交际者。你还会因此提升你的顾客服务技能。”

下面有一组测试题，可以测试出你的倾听力。

回答以下问题，R=偶尔，S=有时，A=总是。

倾听时允许说话者把话说完。	R	S	A
在完全理解说话者的观点之后再作回应。	R	S	A
倾听时注意倾听重点。	R	S	A
倾听过程中试着理解说话者的感受。	R	S	A
在开口之前先预想一下解决方案。	R	S	A
在开口之前先预想一下如何回答。	R	S	A
在倾听时能够做到自我控制、放松和平静。	R	S	A
会使用倾听时的感叹词（嗯、哎、哦、噢）。	R	S	A
当别人说话时可以做到边听边做记录。	R	S	A
能够虚心倾听。	R	S	A
即使说话者说的话了无生趣，也能很好地倾听。	R	S	A
即使不喜欢说话者，也能很好地倾听。	R	S	A
在倾听时，会注视着说话者。	R	S	A
能够很有耐心地去听。	R	S	A
能够通过提问确定是否已经完全理解了说话者的意图。	R	S	A

以上的题目，如果你得了14～15A，说明你已经是一个优秀的倾听者，你已拥有了成为优秀导购的天分；如果你得了11～13A，你只需要在那些你还不确定的方面进行改进，就会变得很好；如果你得了7～10A，你的表现一般，但是只要你积极改进，你会成为一名优秀的导购员；如果你只得了4～6A，可以说是糟糕的表现，你恐怕首先需要提升对别人的关注和倾听，并把它放到你自我发展的首要位置；假设你仅仅得到了1～3A，请好好检讨一下你做人的态度。

二、倾听力提升的关键

（一）自我突破

是什么影响了倾听能力？仍然是自我中心。这里的自我中心指的是，当意见出现分歧时，思想中的既得利益就会产生一种倾听屏障。举个例子，某位导购员一心只想着销售自己推销的产品，不管是什么原因，她可能完全听不见顾客要另外一个产品的请求。她一门心思只想着销售甲产品，导致她听不进顾客要买乙产品的愿望，即使在乙产品更能满足顾客需要的情况下也是如此。

自我为中心的倾向不会倾听其他人正在说什么，听到的只是他的观点如何影响倾听者的看法。换句话说这种人是带着一种成见、带着一种从“对手”的观点中挑毛病而不是寻求共识的心态在“倾听”。他们倾听别人讲话纯粹是为了找茬儿，以便在回应时能表达一种有说服力的看法。他们倾听他人讲话只会持续很短时间，只要在头脑中寻找到了答案，就会停止倾听，并开始计划如何应答。

有世界最伟大的推销员之称的乔·吉拉德曾向一位客户推销汽车，交易过程十分顺利。当客户正要掏钱付款时，另一位推销员跟乔·吉拉德谈起了昨天的篮球赛，乔·吉拉德一边跟同伴津津有味地说笑，一边伸手去接车款，不料客户却突然掉头而走，连车也不买了。乔·吉拉德冥思苦想了一天，不明白客户为什么突然放弃了已经挑选好的汽车。夜里11点，他终于忍不住给客户打了一个电话，询问客户突然改变主意的理由。客户不高兴地在电话中告诉他：“今天下午付款时，我同你谈到了我们的小儿子，他刚考上密歇根大学，是我们家的骄傲，可是你一点也没有听见，只顾着跟你的同伴谈篮球赛。”乔·吉拉德终于明白了，这次生意失败的根本原因是因为自己没有认真倾听客户谈论自己最得意的儿子。

真正的对话发生之前，导购员应该在头脑中把将要发生的对话预演一遍，以确保自己不会说傻话。设想顾客期望听到的话，并且从那开始演练。

事实上，倾听是一种做人的美德。在生活中，人们总是寻求多一分理解，但是又有多少人愿意为此付出行动呢？

美国著名的主持人林克莱特在一期节目上访问了一位小朋友，问他：“你长大了想做什么呀？”小朋友天真地回答：“我要当飞机驾驶员！”林克莱特接着说：“如果有一天你的飞机飞到飞太平洋上空时，飞机所有的引擎都熄火了，你会怎么办？”小朋友想了想：“我先告诉飞机上所有的人系好安全带，然后我背上降落伞，先跳下去。”

当现场的观众笑得东倒西歪时，林克莱特继续注视着孩子，看到孩子急得眼泪都要掉出来了。他继续亲切地问：“你为什么这样做？”孩子急切地解释：“我是去拿备用设备，我还会回来的，我还会回来的！”当听到这里，在场的人都停止了嘲笑。

在上面这个故事中，大部分观众按照自己的逻辑，快速得到了结论。实际上，孩子有他自己的逻辑，当他被曲解时，内心受到了伤害。不得不敬佩那位主持人，佩服他与众不同之处，他能够让孩子把话说完，并且在“现场观众笑得东倒西歪时”仍保持着倾听者应具备的一份亲切、平和和耐心。

（二）倾听的5个层次

倾听的5个层次如图2-3所示。很多人的“听”，停留在第1层次，这样的人从来不关注周围人，他们只关心自己。有些人可能会碍于情面，摆出倾听的样子，实际上他们脑子里仍然想着自己的事情。这两个层次根本算不上“倾听”，他们在生活中也得不到别人的尊重。

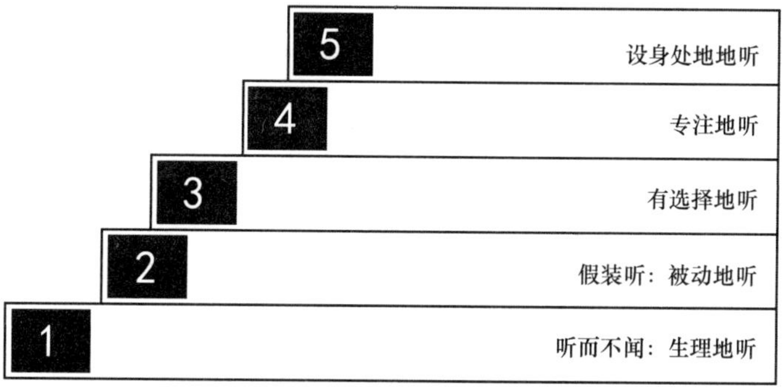

图2-3 倾听的5个层次

什么是有选择地听？曾经有人这样描述了他的“倾听”：“我发现如果是我感兴趣的话题，我会很想和她讲话，发表自己的观点，然后会随着他的叙述去想象那个情景，如同身临其境；如果是我不喜欢的话题，就会感觉有人在我耳边叽叽喳喳，觉得很烦。”这就是典型的有选择地听，通常他们会聚焦于说话者的某一点而忽视其他部分，在其感兴趣时会有一些积极的肢体语言，如身体倾向说话的人、点头和目光接触等，但并不持久，会经常脱离对话，回到消极地听的状态。这种倾听者仍然未摆脱“自我中心”，遇到那些与自己相似的顾客，他们容易产生共鸣，但这不足以应对导购员的日常工作。

什么状态才是专注地听呢？全神贯注，始终如一地保持一种积极的姿态，眼神注视着说话者，身体略微前倾，或许会经常重复说话者的内容，例如他们常说："您说的是不是这个意思……"，用自己的语言重新表述，并征询说话者的意见。在日常生活中，能达到这种倾听力的人，不超过5%。

倾听的最高层次是"设身处地地听"，对听到的信息会有连贯的反应，带着一种理解信息全部意义的强烈意图，会有经常性的反馈，其血压和脉搏可能会提高，排汗甚至也会增多，更多的时候，其情绪和说话者是一致的。这是一种专业层次的听，只有经过专业训练的少数人才能做到，比如心理咨询师。有人曾经质疑，心理咨询师有时1小时内说话不超过20个字，却收取高额的咨询费。这实际上是对"听"的误解，"设身处地地听"需要消耗倾听者巨大的能量。

人们可能无法像心理专家那样倾听，但必须不断地提升自己的倾听层次，在"听"的过程中，要不断自我感觉倾听的效果，使自己专注在说话者身上。

（三）倾听的技巧

1. 倾听的姿态

倾听时，首先要做出倾听的姿态。第一个技巧是：将脸转向顾客，这其实是再自然不过的事情了，其实整个身体都应正面朝向顾客；保持开放的身体姿态，身体前倾，避免交叉双手、双脚；另外，身体要放松、自然；第二个技巧是：使用耳朵之外的其他身体接收器。当你注意着对方时，你就能成为一个更好的倾听者。你的眼睛接收着对方说话时所发出的非语言信号，顾客的身体语言会提供更多的信息。双方之间的眼神交流也很重要，眼睛是心灵的窗户。

2. 不要打断顾客说话

顾客："我不知道这件衣服的价格……"

导购："很遗憾这件衣服不能再便宜了，你可以再去其他地方问问……"

顾客："你让我说完，我是说这件衣服的价格牌，我没有找到。"

说话和有效倾听无法同时进行，所以导购员打断顾客的话是没有认真倾听的明显信号。即使其动机是想帮助对方，然而打断别人的话却显示出这样的信号：你已经听懂了说话者要表述的意思。这时会凭以往的经验做出错误的判断，曲解说话者的意思。

掌握倾听技巧，在说话者没有表达完观点或感受之前不要去想自己的答复。不幸的是，大多人是带着如何答复的目的去倾听的，而不是如何理解。压抑住那些想表达的欲望，会使得沟通效果更佳。

3. 回应

不插嘴，并不表示不做回应，当顾客讲话时，没有回应，会让人感到你根本没听，或者不尊重他。回应是一种及时的反馈，它让讲话者感受到你的关注，激发他继续表达的欲望。回应应该准确、及时，但忌讳通篇大论。

回应的技巧包括恰当地使用语气词，如“嗯”、“哦”、“对”、“好的”等，要求在整个交谈过程中有意识地时刻保持密切关注并评估接收到信息，准确、及时地做出适当的回应。如果你能保持和顾客共同的心理状态，能够感受到顾客表达时的情感，你一定可以在最恰当的时间，表达最合理的回应，就如同京剧的专业戏迷，总能在最高潮时“叫好”。

回应的另一个重要技巧是“恳求澄清”。比如，“您的意思是……”，“能不能详细说明……”，用自己的语言重复顾客表达的意思。如果你经常使用这个技巧，你就会感受到，事实上我们经常曲解别人的想法。澄清可以让导购员真正理解顾客的意思，同时让顾客感到导购员的真诚。

4. 自我觉察

外界环境，如噪声嘈杂，会妨碍或阻止有效倾听。但是，大多数障碍实际上来自于听者。心理上的过滤或是先入为主会使听者对对方的话进行预先判断，这些事先的猜测会影响倾听的注意力。如果听者不去理解倾听者传递的信息，而是猜测倾诉者的意思，倾听会呈现出较低的水平。你必须保持5秒或更多时间在眼神接触上，告诉对方你是否在认真听；忽略内在的和外界的干扰，如自己的想法、电话铃声和聊天。

导购员应该经常自我觉察，提醒自己的注意力必须放在顾客身上，无论你是否喜欢这个话题或者是这个人。你必须防备你的态度和情绪影响到你的关注度。尽量使自己的反应与沟通合拍，提防产生气愤、厌倦或不感兴趣的情绪，消除偏见，如说话者表达能力很差或有口音难以听懂等，关注说话者向你传递的信息。

三、倾听力的有效训练

（一）倾听感受训练

要想成为一位很好的倾听者，技巧有很多，但最重要的一条就是保持沉默（摘自《销售圣经》杰佛里·吉特默著）。

体会一下1小时不说话的感受。试着在集体活动中1小时不说话。绝对不说话太难了，可以使用“嗯”、“哦”、“哎”等感叹词。

（二）倾听姿态训练

组内训练，学生两两配对，一人扮演顾客，另一人扮演导购员。当顾客表达时，导购员摆出倾听的姿态。注意眼神的交流和身体的姿态。

（三）实践训练

倾听是一种生活态度，这种能力绝不是一朝一夕可以获得的，在自己的生活中努力扮演一个倾听者的角色。

思考讨论

1．怎样提升服装导购员的观察力？除了教材中提到的内容，你在生活中还总结了哪些？

2．服装导购员接近顾客时,有哪些专业的技能？从顾客的角度思考这些技能产生的心理效果。

3．倾听可以拉近顾客和导购员的情感距离，生活中你是一个好的倾听者吗？倾听是如何改进你的人际关系的？

第三章　服装成交和售后

【学习目标】

知识点：

1．理解与顾客建立友谊对导购员工作的意义。

2．了解顾客的购买决策行为以及互联网时代顾客购买行为的变化。

3．了解影响顾客购买决策的因素。

4．了解顾客的体验和情绪感受。

能力点：

1．能够应用倾听、赞美、设计寻求帮助情境等方法，增进与顾客间的友谊。

2．能够发现顾客的购买信号，并通过相应的策略促成交易。

3．能够应用既定流程，解决顾客的投诉。

【引导案例】

余博士喝咖啡

有一次我在比利时喝咖啡。咖啡被端上来后（可能是需要自己DIY），老板走了过来，“这咖啡不是这样喝的。”

“那应该怎么泡呢？”我问。

“我泡给你看”，说着老板开始操作。

他做好后，我问：“现在可以喝了吗？”

“不，你最好自己泡一杯”，说着又吩咐侍者拿来一杯，“不要担心，我请你的”。

我自己泡好一杯，刚要喝的时候，老板又打断了我：“慢点，咖啡要慢慢喝。咖啡进入嘴里，要用你的舌头慢慢搅拌，再从鼻孔把咖啡的香气散发出来，再慢慢地把咖啡咽下去，Wonderful coffee！”

喝完以后，他又问：“你来自东方？”

“对，来自中国。”

“那你什么时候离开布鲁塞尔？”

“明天一早飞伦敦。”

“啊，那你以后来的机会一定很少，一定要再喝一杯咖啡，免费”，说着，又吩咐侍者拿上来一杯。

离开的时候，他把我送到门口，问我，“进来的时候，你有没有看到我们门上的阿拉伯数字？”

“没有。”

“请看一下。”

回头一看，上面写着“1846”，从1846年起，这个咖啡馆就有了，中国还在清朝的时候，这个家族就开始经营这间咖啡馆了。

“你注意到这里的墙壁了吗？”

我回头再看，墙上贴了很多照片，很多皇室贵族都在这里喝过咖啡，原来这间咖啡馆在布鲁塞尔皇宫的旁边，是那里的王公贵族开的。这间咖啡馆开了100多年，始终保持着这样的品位和格调。

——摘自《余世维成功经理人》讲座

一间咖啡馆能有这么久的历史，重要原因就是他们重视顾客，甚至重视顾客的细微体验。他们让顾客感到自己的消费不是利润的增长点，而是在享受古老的咖啡文化，经营者关心顾客是否真正领略到了文化的内涵。

顾客为什么要在这家商店里购买产品？因为这里的东西好？是的,可是那是生产者的功劳。导购员的职责是让顾客得到精神上的满足。让顾客感受到美好的情感体验，获得必要的帮助和支持等，完美的交易来自于顾客美好的体验, 这就是导购工作的价值和意义。如果说导购员必须说服顾客购买产品,倒不如说是导购员帮助顾客找到了最适合他们的产品。说服顾客发生购买行为可能存在着一些微妙的手段，而寻找到真诚的沟通方法才是决定营销成败的根本。

第一节　与顾客成为朋友

一、学会与顾客建立友谊

据统计，50%的销售是因友谊而促成的。不过，有经验的导购员认为这个数字还会更高。无论是在东方还是西方，人们都愿意和他们的朋友做生意。与其努力地说服顾客购买，不如和他们成为朋友。和你的顾客交朋友，建立愉快、轻松、相互信任的个人关系和友谊，这种个人关系和友谊将会为你带来更多的和持续上升的销售业绩及顾客。

有这样一个故事：一位啤酒推销员到村里的小商店进行推销。在村口遇到两个人在吵架，一群人围着看热闹。他绕过人群进了村，来到小商店，老板不在。问周围邻居，邻居指指村口，“在那里正吵架呢。”推销员将车停在店门前，等着老板。

过了一会儿，吵完架的老板气鼓鼓地回来了。推销员关切地问：“怎么了，什么让你这么生气？”老板终于找到了宣泄的渠道，把一肚子的委屈倒了出来，推销员一直认真倾听。

半小时过去了，他们一直在讨论刚才的争执，根本没有涉及啤酒的事情。老板在宣泄中情绪逐渐平静，并和推销员越来越亲密。忽然老板问道：“你到这里是来做什么的？”推销员说：“推销啤酒。”老板一听，二话没说，直接就把车上剩余的几箱啤酒搬进了店里。

友谊是人们在交往活动中产生的一种特殊情感，它与交往活动中所产生的一般好感是有本质区别的。友谊是一种来自双向（或交互）关系的情感，即双方共同凝结的情感。友谊以亲密为核心，亲密性也就成为了衡量友谊程度的一个重要指标。

发展关系需要时间，建立友谊同样更需要时间，保持沟通，创造更多的交往机会，才能使友谊逐渐加深。导购员应该乐于与顾客交往，可能交往会占用业余时间，因为店铺以外的场所更有助于建立友谊和人脉关系。可以选择在如下地点会见顾客或与他们一起参加如下活动：餐厅、剧院、音乐厅、画廊；商业聚会、社区互助活动、所在公司举办的研讨会等。

友谊建立在平等、互利、相互信任的基础上，但这并不表示增进亲密程度不需要任何技巧。首先，要注重自己的外在形象，第一印象在初次见面时会产生巨大作用，那些第一次见面就留下好印象的人们，更愿意加深他们彼此间的友谊。其次，应该让对方感到你对他的关注和尊重。你能记住顾客的名字吗？名字对于一个人来说有着不同寻常的意义。再次，学会欣赏别人。对于那些外貌俊朗、打扮适宜的顾客，似乎发现优点并不是一件难事，但对于那些相貌平平、穿着朴实的顾客，你能否发现了他们身上的优点，并给予真诚的赞赏。又次，你应该表现得更加开放、热情，愿意与顾客分享自己的情感体验。最后，学会适当寻求帮助，有助于你和顾客友谊的加深。

骗术和营销术没有多大的区别，很多骗术破解开来，就是经典的营销术。这就如同，菜刀放在厨师手里和强盗手里的区别。营销师和骗子的区别在哪里？一位营销师，随着他从事工作的时间推移，越来越多的合作伙伴会获得利益和帮助，这也是营销师的市场价值。平等、互利会让你的老顾客不断增多，直到你离开这项工作，他们仍然是你的朋友，甚至于终身不会改变。

二、与顾客建立友谊的策略

（一）提升个人魅力

1. 外表

有很多研究表明，容貌姣好的人更容易获得别人的好感。遗憾的是大多数人都长着一张平凡的脸庞，那么，这些人是否需要去整容？显然不是，因为还有太多的因素影响着友谊的建立，相比之下，外表只是其中的一个因素。当然，还是要做些努力，比如适当地化妆、注意着装，都会增加个人的魅力。再如，有研究表明，男性留短发比长发更能给人干练、干净、可信的感觉，更容易获得别人的信任；女性尽量规整自己的头发，不要使其蓬乱，可以达到同样的效果。

2. **能力**

很明显，当其他条件都相等时，一个人越有能力，人们就越喜爱他。这可能是因为人们自我需求的原因。如果顾客遇到一位有能力的导购员，他会帮助顾客做出正确的购买决策。在销售活动中，导购员呈现的能力就是他的专业技能和知识，正如在“服装销售准备”章节中提到的，导购员要有丰富的产品知识和营销技能，必须让顾客感到你是专业的、可信的。

但是，这并不意味着导购员要显得比顾客更聪明。怎么理解这句话呢？我举一个自己的经历，一次我到商场购物，碰见这样一位导购员，不管我说什么，他只会说一句“您这样认为是不对的”，作为顾客的我感受到了什么？气愤和沮丧，我感到这位导购员只是想证明他比我聪明。这里又要再次强调“倾听”的意义，再“愚蠢”的顾客，也比导购员更了解自己需要什么。尊重顾客，了解他们的需求，倾听到合理的内容，把顾客从不合理中引导出来，这才是专业导购员的能力表现。

当然，如果你偶尔犯错误，并能真心承认错误，那么你的个人魅力就会不减反增。比如，美国总统肯尼迪是美国人认为最年轻、貌美、有能力的总统，几乎可以用完美来形容他。但是，这样一位完美的人却犯了一个大错误。1961年准备侵略古巴的企图流产。但出乎预料的是，他的个人声誉实际上却大大提高了。因为，人们更喜欢犯了错误的超凡的人，而不是那些未犯错误的庸人。

（二）记住对方的名字

许多人都有过这样的经历，刚介绍的人一转眼就忘了人家的名字，等下回再见面时又不好意思再问人家的姓名。相反，如果有人第二次见到你时就能亲切地叫着你的名字向你问候，你会有什么感觉？一定会很高兴，觉得他很重视你，你也自然会对他产生好感。名字是一个人与他人区别的标志，名字代表了自我，也是一种成就，重视别人的名字就等于尊重别人。所以记住人名不光是记性好不好的表现，同时它还是一种很重要的社交方法，能增强你的个人魅力。

记住面孔往往比记住名字容易，因为记忆面孔只需辨认以前是否见过面即可，记名字则没有任何线索，顶多只能把名字和面孔尽量配合在一起，把面孔当作线索来回忆名字。因此记名字时，你必须花注意力来记面孔的特征以及两者的关系。

若想把名字和面孔正确配合在一起，首先要学会正视别人。现代社会人际关系越来越疏远，要做到这一点很困难，甚至有些人还认为这是不礼貌的事。为了增进记忆人名的能力，必须克服这些感觉。当你正视对方时，表示对他很感兴趣，因而对方也将注意你。

正视对方的脸有两个优点：第一是帮助你的注意力集中在你打算要记的事情上；第二是引起对方对你的注意，并且增加你被对方记住的可能性。当你把注意力集中在对方的面孔时，可以尝试找出有关的记忆资料。通常是找出他和别人的不同之处。这种主要特征并非“长得很好看”、“穿得随便”、“身材高大”等泛泛之谈，而是找出特殊之处，譬如“浓眉”、“塌鼻子”、“焦红的头发”或者“有疤痕”。卡通或漫画最能表现一个人的独特之处，借简单的两三笔线条即可表现出来。假如能发挥这种能力，对识人本领将带来莫大的帮助。

（三）以开放的态度轻松表露

当双方关系逐步从陌生人发展成为熟人，甚至亲密朋友时，双方会有更广泛、更深入的接触。自我表露是指与他人分享内心感受或私人信息。自我表露会随着关系的亲密逐渐深入。例如，最初见面，人们会交流喜欢的电影、球队和食物，随着熟识，会谈论职业目标和业余活动，以及一些更私人的内容，如健康顾虑、做人态度等。随着交流信息的深入，友谊也会被推动加深。

自我表露也是一种能力，那些善于自我表露和朋友分享内心世界的人，往往会建立更广、更深入的友谊。有些人特别善于使人“敞开心扉”，他们可以引发他人进行亲密的自我表露，即使是那些通常很少表露自己的人。这样的人似乎都是好的倾听者。在交谈中，他们的面部表情会一直保持高度注意力而且总是显得很乐意倾听。对方说话时，他们也会时不时地插一些支持性的话语，以此表达自己对交谈的兴趣。心理学家罗杰斯把这些人称为“促进成长”的听众。

自我表露是交往双方双向交互活动，人们之间存在表露互惠效应。如果仅仅单方面自我表露，随着表露的深入，信息的丰富，表露的风险也会随之上升。一个人的自我表露会引发对方的自我表露。人们会对那些向我们敞开胸怀的人表露更多。亲密关系的发展过程就像跳舞一样：我表露一点，你表露一点；然后你再表露一些，而我也会做出进一步的回应。

导购员恰当地使用自我表露技术，增进与顾客的关系。倾听可以让导购员了解顾客的真实需求和内心体验，好的倾听者能够引导顾客表达自我，但是单方面的表露存在风险，导购员需要适时进行自我表露，自我表露的内容可以跳出销售活动本身，涉及自己的爱好、经历、体验、目标、追求等。当然，这里必须注意适度，不要忘记，我们更容易放弃倾听，成为自我中心的宣泄者。

有时，讲出自己的不足，从正反两方面阐述，会让顾客感到更可信，因为那样更接近实际情况，从而让顾客感受到你的真诚。导购员把最好的东西推介给顾客，为顾客提供帮助，但这并不表示导购员必须是无懈可击的。事实上，任何事物都不可能100%完美，承认不足才能为顾客提供更好的服务。比如，紧身的服装就存在纰裂的风险，色彩艳丽的服装就存在褪色的尴尬，与其强词夺理，不如诚恳面对。

（四）真诚地赞赏顾客

导购员对顾客真诚地欣赏和赞美，将使他们成为朋友，但是事实看上去并不简单。有一位老师，在一个白板上画了一个小小的黑点，然后问学生，你们看到了什么？大家异口同声地回答："黑点。"老师笑了，"为什么这么大的白色引不起你们的注意？"其实大多数人更愿意发现别人身上的缺点，似乎这样可以显示我们的强大。

当导购员学会了透过"玫瑰色"的眼镜（赞赏的眼光）看待每位顾客时，导购员还要注意让表扬显得更加真诚。有研究者发现，频繁地赞扬可能会失去价值。设想一下，一位顾客试了多件衣服导购员都说美，顾客还能感受到你赞美的真诚吗？不同的衣服穿在身上一定有差异，导购员需要发现顾客身上的"最美"，而不是让他买走所有的衣服。赞美一位长相姣好的顾客似乎很容易，但是导购员遇到的大部分顾客都相貌平平，你需要保持对所有顾客的好奇心，在他们身上寻求美的闪光点。

从多个角度去观察顾客，有人不时尚，但整洁；有人不绚丽，但淡雅；有人不奢华，但淳朴。导购员要学习从不同的角度去发现顾客身上的美。

赞美顾客的外在优点，可以通过细心的观察来实现，赞美顾客的内在美，需要导购员对顾客充满好奇，认真地倾听，恰当地提问，发现背后的故事。

一位老太太到菜场买苹果，来到第一个摊位，老太太问："你的苹果是酸的还是甜的？"商贩答道："我的苹果又大又甜，很好吃！"老太太没再说话，离开了。来到第二个摊位，老太太问："你的苹果是酸的还是甜的？"商贩答道："我的苹果有两种，您要哪种？"老太太说"我要酸的，有吗？""当然有，这种就是酸的，您要几斤？""那就来一斤吧。"老太太称完后并未马上离开市场，她来到第三个摊位前问了同样的问题，得到的答案同第二个商贩的一样："我这里酸的、甜的都有，您要哪种？"老太太回答"酸的"，第三个商贩好奇地反问道："别人买苹果都要甜的，您怎么要酸的？"老太太说："我的儿媳妇怀孕了，就想吃酸的。"商贩听后赞美道："您真是一个好婆婆，有您这样的婆婆，儿媳妇可享福了！"她接着推荐："我这里经常有孕妇来买酸的水果，我一定挑一些新鲜的水果给她们，为了孩子嘛，一定要吃最好、最新鲜的，您说是吧！"老太太笑着点头，商贩又说道："我这里的苹果都是当天进的货，非常新鲜，您要多少？""那就来两斤吧。"商贩一边称苹果一边给老太太建议，"我这里的橘子也是刚进的，很新鲜，孕妇们都爱吃，而且橘子含大量维生素，对小孩发育好。""那就再来两斤橘子吧。""好的，我给您挑最好的，您尽管放心，下次要买您再来，我一定给您最好的。"

在这个故事中，第三个商贩对顾客充满好奇，通过恰当地提问，发现了老太太购买酸苹果的内在动机，但更重要的是发现了老太太的一片爱心。赞美老太太的爱心，拉近了与老太太的距离，通过对老太太的儿媳以及未来宝宝的关心，加深了与老太太的友谊。

在中国文化中，婆媳之间有一种微妙的关系，每一位婆婆都对此非常敏感，这样的赞扬，非常容易唤起婆婆的满足感。这个故事还告诉我们，不同的社会角色有不同的文化定位，了解风俗文化的常态，有利于导购员恰当地赞美顾客。例如，我们习惯于赞扬小孩可爱、机灵、活泼、懂礼貌等，称赞年轻人有知识、聪明、有上进心、充满活力等，赞赏中年人有风度、有品位、有内涵、有责任感，赞扬老年人显得年轻、身体好、精神好、有爱心等。对于女性，我们要从有气质、有品位、华贵、皮肤好、身材好等方面给予赞扬，对于男性，要从成熟、沉稳、能干、事业有成、风度翩翩、有责任心等方面赞扬。

（五）善于寻求帮助

人们并非总是喜欢给他们好处的人。具体地说，他们的好处看来好像附有一些绳索，这些绳索对接受者的自由是一种威胁。如果送给别人礼物时要求别人回赠，人们就不喜欢接受这种礼物。如果你是顾客，当你收到无条件的赠品时，你一定很开心，但是如果你发现礼品的背后是导购员要推销的某些产品，你一定会感到不舒服。这就是很多派发礼品的推销方式，往往不会起到积极效果的原因。

与之相反，如果让某人给你帮助，是增加你的吸引力的更可靠的方法。这个观念并不稀奇，它似乎是一种众所周知的常识。正如列夫·托尔斯泰在1869年曾写道：“我们并不因人们给我们的恩惠而喜爱他们，而是因我们给予了他们恩惠”。

这里有一个故事可以给我们启发。1793年，本杰明·富兰克林证实了为他人提供帮助会加强对其好感的观点。作为宾夕法尼亚组织大会的秘书，他受到了另一个重要立法者的反对。所以富兰克林想着把他拉拢过来。

“我并不打算通过向他表示任何卑屈的尊敬来博得其好感，而是在一段时间后采取另一种方式。当我听说他的图书馆里有一本非常珍贵的书后，我给他写了封信表达了渴望读到这本书的热切心情并且恳求他将书借我几天。他立即就寄给我了，而我在一周之内归还了书，并强烈地表达了我的谢意。当我们再次在会议厅碰面的时候，他主动和我打招呼，并且非常彬彬有礼；随后他甚至说在任何情况下他都愿意随时帮助我。就这样我们成了好朋友，我们的友谊一直持续到他去世。”

如果有时你让顾客帮你拿一下衣架、兑换一下零钱，照看一下店面，顾客的帮助可能会增进你们之间的友谊。比如，家门口的早餐点，老板经常忙着制作煎饼果子而使收钱找钱变得很“困难”，他时常说：“不好意思，你自己把钱放到钱罐中，零钱自己拿。”很多老顾客已经习惯了这种方式，有时还会“照顾”新顾客。这种求助的方式，顾客不仅没有抱怨，反倒让他们感到被信任和亲近。

三、与顾客建立友谊的技巧

（一）记住顾客名字

记住与你初次见面人的名字，并能在下次见面时轻松地叫出来，这是成为高水平导购员的基本功。首先要做的事就是找出某人与众不同的一个或两个特征，并将注意力集中在这些特征上。现在只需应用“注意力”的两个方面。其一是把注意力的焦点集中在对方身上并找出其特点；下一步则是学习将注意力放在人的名字上，找出其姓名的特色。

可从以下三点进行考虑。

（1）这个名字是否与众不同或很有趣？

（2）这个名字是否很普通？

（3）名字和所看到的面孔配不配？

现在最重要的是把注意力放在名字上。假如你听到一个名字，能够把它以句子的形式复述出来，对记忆将大有帮助。比如说“张明先生，真高兴认识你”，把注意力直接放在姓名上，并且把名字和面孔进行比较，有助于把姓名和面孔联结在一起。最后一步是找出名字和面孔的关系。

为便于这项训练，学生应主动参与学校的社交活动，在社交活动中找一个目标，回想他的名字。如果记不起来，不妨问问别人。再将注意力集中在所选目标的姓名上，同时看着他的面孔，找出名字和面孔特征的关系。比如，“若男”女士有一脸的英气；王大吉先生是个方头大脸，大吉大利的模样。一段时间后，如果再次遇到他，就大声叫出他的名字。

（二）习惯赞美他人

赞美要具体，切忌泛化、浮夸，在细节上发现顾客身上的“美”。赞美的内容越具体，就越能让对方感到可信，即便只是小小的优点。当然，发现什么样的细节美，需要导购员细心地观察和真切地体验，关键是赞美的对象确实在顾客身上存在，而不是导购员想象的。

请体会下面几句赞美之词。

您真漂亮。

您今天穿得真漂亮。

您今天衣服搭配得真好。

您这条珠链真漂亮，刚好能够和衣服搭配起来。

花费一周时间，随机观察早上遇见的5个人，发现他们穿着打扮的优点或者特点，并有意识地记录下来。细心观察，观察得越具体越好，并尝试从不同角度，如色彩、款式、搭配、品牌、饰品等方面，发现观察对象的最佳表现。每天记录，到课堂上与大家分享，并讨论在发现过程中的体会。

（三）设计寻求帮助的情境

通过前面的讲述已经发现适当寻求帮助，可以增进彼此间的友谊。然而不是所有请求都是适宜的，如果你的请求让顾客感到困难、尴尬、另有企图，你很有可能遭受到拒绝。怎样设计寻求帮助的情境呢？

有以下几个原则。

（1）帮助是比较容易做到的，就是常说的“举手之劳”。

（2）当下发生，即时可解决。

（3）获得帮助后，要给顾客及时的反馈，即能够表达出真诚的感谢。

每小组按照实习店铺的情境，发挥创新思维，设计既符合销售现场实际，又能便于顾客参与的帮助活动。

第二节　发现顾客的购买信号

一、发现购买信号是成交的关键

发现购买信号是对导购员观察、倾听能力的进一步要求，导购员要学会发现顾客表现出的购买信号，这是促成交易的关键。

作为顾客，每个人都有这样的经历，你发现有些导购员非常会看透人的心思。这是一项“神秘的技能”，那么导购员是如何做到呢？

还记得老太太买苹果的故事吗？第三个摊贩促成交易的关键是他好奇地问：“为什么别人都买甜苹果，你却要酸的？”当导购员无法确定顾客的真正需求时，恰当地提问，给顾客表达的机会，也是给自己倾听顾客的机会，你会从中发现顾客的真正购买信号。

提问是有技巧的。你选择什么问题更容易让顾客诉说；你应采取怎样的提问方式，才能获得需要的信息；提问并不是随机而生的，你应该有充足的准备，这样才能在销售中提出恰当的问题。

二、不同类型顾客的购买信号

（一）发现身体信号

人们的内在心理活动会在不经意间通过外在的行为显露出来，比如面部的表情、身体的姿态、表述的语言或者语气。一个人的行为很重要，它会告诉你个人的思想、情感、兴趣和意图，只要你注意观察、倾听，就会从中寻找到“购买信号”。

1. 从脚上传递的信息

你听说过“快乐脚”吗？快乐脚是指高兴时双腿和双脚一起摆动或颤动。“快乐脚”有时会突然出现，它表示一个人认为他正在得到他想要的东西，或有优势从另一个人或周围环境中赢得有价值的东西。当顾客突然出现“快乐脚”，可能正在表达他对即将达成的交易的态度。

“转向脚”，通常人们会将身体转向自己喜欢的人或事。如果顾客的双脚朝向导购员，表示他愿意接受导购员的服务和推介，如果顾客的双脚朝向推介的产品，表示他对该产品有好感；相反，如果顾客的脚朝向店门口，表示他已经急于离开了，这时应准备结束服务，从而给顾客留下好印象。

2. 从身体姿态上传递的信息

人体躯干显示的信息是人类真情实感的指示标，一般很难有意识地掩饰。当人们遇到喜欢的人或事物时，他们的身体会微微倾向对方。当交流双方均感到舒适和赞同时，双脚有时会交叉，脚趾和手指都会朝向对方。反之，如果人们遇到不喜欢的事物或人时就会将身体侧向相反一侧。顾客和导购员意见不同时就会这样，并且他们可能将双手交叉在胸前。上臂胸前交叉是明显的防卫心理信号，这种姿态的顾客很难再听取导购员的建议，有时导购员让他帮助扯平服装等小动作，使顾客释放双臂，会改善僵持的状况。

3. 从面部传递的信息

人类的面部肌肉十分丰富，它们能够帮助人类做出各种不同的表情。据统计，人类能做出的面部表情达上千种之多，它是一种普遍使用的语言。面部表情能为导购员了解顾客的思想和情绪提供各种有意义的信息。但是，要谨记，这些信息有可能是虚假的，因为人们会控制部分脸部肌肉，掩饰情感，因此需要结合身体语言来判断。

睁大的眼睛传递出了一种积极的信号，它说明这个人正在观察一种令他感兴趣的人或物。瞳孔扩张表达的是一种满足感或其他一些积极情感。这种情况下，大脑仿佛在表达：“我喜欢现在看到的衣服，让我看得再清楚一些吧！”当人们因为看到某物而由衷地高兴时，他们的瞳孔会扩张，眉毛会上挑，眼睛会睁大，从而让眼睛显得更大。

大家都知道，笑可以分为真笑和假笑。假笑几乎已经成为人们应付与自己关系不是很密切的人的一种义务。而真笑是留给我们真正关心的人和事的。只要你肯下功夫练习，用不了多长时间，你便能分辨出真笑和假笑。一旦你掌握了微笑“晴雨表”，便可以将它作为衡量别人对你或产品的“晴雨表”，这样，你便能酌情处理与顾客的关系了。

（二）发现言语信号

以上是一些非言语信息，其实在与顾客的交流过程中，言语会传递给我们更多的信息。

1. 注意顾客最先提到的产品

在回答问题时，首先说出来的话最能反映一个人的想法。在谈话时，人们通常都会先讲重点，不假思索地回答，顾客最先提到的产品，往往是他们心目中已经有所指向的产品，导购员要根据顾客的最先提问了解顾客的需求。

2. 重复

顾客反复提到的信息，往往是他们比较重视的，导购员就应当给予更多关注。一位顾客反复询价，意味着他最关注的是成交价格；一位顾客总是提到售后，说明他非常担心质量问题或者他曾经遭遇过一些售后问题，如果导购员不能消除他的担心，很难真正说服该顾客达成最终购买意向。

3. 注意顾客的情绪表达

导购员可以通过语气了解顾客需求的迫切性和重要性，手势和声音的大小均可反映他的热情程度。在与顾客交流中，寻找带有感情色彩的回答，也就是顾客带着激情或用异样语气说到的事情，也许是他们最喜爱的产品，也许是他们最担心的方面。

4. 关注顾客的提问

一些顾客会主动询问一些问题，如其他顾客的看法、质保的时间等；有时他们会抱怨以往购买的服装质量或者其他品牌店铺的服务等。这些语言信号都是成交信息的传递。

人们的心理有很多共性，销售过程中导购员会发现一些经常遇到的言语信号，如果有意识地把它们收集起来，并在实践中积累经验，对提升营销能力会有显著帮助。以下是一些寻找语言信号的方法。

（1）关于是否有货的问题。“你们还有我的号码吗？”

（2）关于价格或表明自身经济承受能力的问题。“这个款式需要多少钱？我不知道我能不能付得起。”

（3）关于钱的任何问题或表述。“如果我要购买的话，需要多少钱？”

（4）关于导购员及其公司的正面问题。“你来这个店里多久了？你们公司经营这个品牌多久了？”

（5）希望重复一些内容。“您能再和我说一下有关优惠活动的细节吗？”

（6）对其他服装店铺的抱怨。“我之前去的那家店服务很差，你们的导购员介绍得很清晰。”

（7）购买前的唠叨。“我还真不知道。哦，是吗？那倒挺有意思。这与我的情况比较吻合。”

（三）触动“热键”

营销中一个重要过程是触动“热键”。所有的销售培训都包括这一条：如果导购员想做成交易，那么一定要触动一个“热键”。但这个热键在哪里呢？

问什么样的问题？个人问题比生意问题更容易寻找“热键”。询问与顾客现状及情况相关的问题——他的度假地，子女就读的大学，他当前的生意状况及个人发展史；询问那些让他感到骄傲的问题——他在生意上取得的最大成功，他今年最大的目标；询问与个人兴趣相关的问题——他平时喜欢做什么？他喜欢什么体育活动？有什么个人爱好？询问如果不用工作，他想做什么——这是他的真正梦想及事业雄心所在。这些问题将使顾客“有话可说”，在他们冗长的描述中，导购员将了解他的兴趣、爱好、志向等，从而找到需要的“热键”。

如果发现了“热键”，导购员需要将其进一步深化。询问它的重要性或意义，这将有助于更好地了解情况，了解顾客的真实想法。

以巧妙的方式提问，将问题自然地融入谈话中，注意观察顾客的反应，导购员肯定能很快寻找到购买信号。如果导购员相信这是一个重要信息，那就找出相应的解决方案。此外，还有一种方式可以让导购员收集到更多的购买信息，即通过进行产品演示来寻找。在产品演示中，导购员将有机会观察潜在顾客的反应。

三、发现购买信号的实践训练

（一）见习

到店铺见习，观察和倾听导购员引导顾客购买的过程，在其中发现购买信号，并做记录。向导购员请教，如何发现顾客的真正需求。

填写表3-1，前两栏为观察、倾听结果，第3栏是自己的判断结果，第4栏为与导购员交流后发现自己忽略的细节。

表3-1 观察顾客购买信号记录表

	身体购买信号	言语购买信号	推断需求	忽略的细节
事件1				
……				
事件n				

（二）生活练习

在日常生活中，选择一些点头之交的朋友，和他们交流，有目的地提出一些让他骄傲的问题，激发他的表达欲望，认真倾听，体会你们友谊的加深。

（三）思考

为什么不是所有顾客都购买你的产品呢？

（1）你的问题不够有效。

（2）你的倾听不够专注。

（3）你抱有一种先入为主的观念——臆断顾客所属的类型、预想问题的答案并打断对话。

（4）你自以为已经知道了所有问题的答案，那为什么还要费尽心思地去问，全神贯注地去听呢？

（5）你并没有发现顾客的真正需求。你连他们需要什么都不知道，又怎么能够满足他们的需求呢？

第三节　促成交易

一、促成交易是导购的最终目标

导购员已经与顾客建立了友谊，顾客对产品也产生了兴趣和意向，但是这并不表示顾客一定会购买。从意向到行动，仍然存在着一些困扰因素，如果导购员想要促成交易，必须采取一些措施推动交易行为或排除干扰因素。

1. 引导顾客亲身体验产品

导购员能否引导顾客尝试产品，亲身体验，是推动交易的重要手段。心理学的“低门槛效应”说明，当请求他人完成一些相对困难的任务时，经常会遭到拒绝。如果改变策略，即在完成困难任务之前，先请对方完成一个较容易的任务，这样请求成功的可能性就会大大增加。这种策略被引用到营销活动中，被称为“宠物狗策略”，服装导购员劝说顾客“试衣”，就是这种策略的实施。

2. 对顾客进行恰当的提问

恰当的提问，能够推动交易行为，发现干扰因素。每个人都有思维定势，当人们进入一种特定情境时，他们会按照一种既定模式思考问题。定势思维在营销过程中，有利有弊，如果一位顾客在消费情境中思维定势和成功消费方向一致，则会推动最终决策，反之，则会阻碍最终决策。导购员恰当地提问，是一种打破顾客思维定势的巧妙方法。提问是有技巧的，不恰当的提问，可能适得其反。

3. 以生动的案例打动顾客

严密的推理不如生动的例子更能打动顾客购买。许多顾客购买决策并非严密的思维，情感的体验更多地影响了最终的购买行为。导购员应该有意识地积累一些成功案例，并能把它生动地呈现给顾客，让他们产生切身体验。

4. 其他即时成交方法

还有一些即时成交的方法需要导购员掌握，如“几选一”成交法、突出优点成交法、保证服务成交法、把握局部成交法、请求购买成交法、从众心理成交法、时间紧迫成交法、唯一性成交法等。

即便如此，导购员仍然要面对顾客的拒绝，但这并不意味着购买行为就真的终止了，而是快速从失落的情绪中走出来，寻找顾客真正拒绝的原因，解决问题，从而再次达成交易。

二、促成交易的方法

（一）邀请顾客试衣

根据心理学的“低门槛效应”，心理学家做了一个实验，在一个集会上对50位被试者宣讲义务献血的意义，宣讲结束后，请求大家到会场外的献血车献血，这种情况下，仅有3%～5%的被试者参与献血。改变策略，同样内容的宣讲，宣讲结束后增加一个环节，宣讲老师要求被试者填写一份简单的献血志愿者申请表，几乎每位被试者都会填写，然后同样请求被试者进行献血，这种情况下，有超过50%的被试者参与了献血。

如今，这种策略被广泛应用在各种营销活动中，通过试用某种商品，改变顾客的态度。在营销过程中，“试用”就是一个“低门槛”设置，是瓦解顾客抗拒心理的有效工具。

设想一位顾客，当他试穿衣服时，他已经将自己视为它的主人了。裁剪合体、面料舒适、做工精致，再加上面带微笑的导购员对他的赞美，不知不觉中，他已经忽略了产品的价格。他似乎已经看到了自己穿着这件衣服上班或参加行业展时的情景。然后，他会说：“好的，我就要这件。”如果导购员说服顾客试穿衣服，那么距离一次成功的推销已经不远了。

“试穿”这一步有时显得很难。“喜欢的话，可以试穿”和“这是我们的新款，欢迎试穿”这两句话几乎成为店铺中老生常谈的经典语句。有的导购员只要看到顾客一进店或者开始触摸衣服就这样大声招呼，让顾客听得心生反感，但其实这些招呼都是废话，因为顾客买衣服肯定会试穿。导购员首先应搞清楚为什么顾客拒绝“试穿”。

通常，顾客拒绝试衣的原因有如下几条。

（1）对衣服的选择不确定。

（2）顾虑试衣后，拒绝带来的尴尬。

（3）多次试衣，感到疲惫。

（4）自身穿戴不方便。

（5）顾客个性因素。

……

作为导购员，你还可以根据实际的经验总结出很多具体原因。当然，最重要的是根据实际做出判断和进行恰当的提问。

不仅仅是真正原因的判断，导购员还应该有创新意识，不能总是用一成不变的语言与思维去应对顾客不断变化的需求和越来越挑剔的要求。导购员要求顾客试穿的时候，首先，要把握机会，不可以过早提出试穿建议；其次，建议试穿一定要有信心，这种信心可以通过语言与肢体的力量表现出来；再次，建议试穿时不要轻易放弃，如果对方拒绝，应该事先想好再度要求对方试穿的充分理由，并让顾客感觉合情合理，但建议试穿不要超过三次，否则就会让顾客有反感情绪；最后，在顾客面前树立自己专业的顾问形象并取得顾客的信任，这对于导购员推荐产品具有积极的推动作用。

（二）以提问促成交易

问题之于销售，正如呼吸之于生命。如果你没有问题，那么你就会窒息而死；如果你的问题错误，虽不至于立即丧命，但终究无可避免；如果你的问题正确，那么最终的答案将是——成交。

——杰弗里·吉特默

有时候交易活动停滞不前，导购员却不能发现原因，是放弃还是坚持？总是需要做一些事情。还记得那个“老太太买苹果”的故事吗？第三个摊贩与前两者的不同，在于他好奇地问了一个问题：“为什么人家都要甜苹果，而你却要酸的？”正是这个问题让摊贩了解到了老太太购买苹果的真正原因，从而推动了她的购买行为。

顾客仍然犹豫不决，一定还存在着背后的原因，发现真正的原因，将最终促成交易。寻找原因和原因背后的故事，需要导购员掌握提问的技巧，需要掌握一些基本提问方法，并在实践中不断演练。

提问有不同的类型，目的和效果也不相同。

1. **封闭式问题**

问题常用语有“有没有”、“是不是”、“能不能”、“对不对”等。这种提问方式目的性强，使回答者必须按照提问者的思路回答，法庭上常被律师采用，但在营销活动中要谨慎使用。这种提问方式会束缚顾客思维，不利于发现更多信息，而且有时会导致销售进程停滞。

2. **开放式问题**

这类问题的难度较小，问题提出后，每个人都可以轻松回答。这种提问方式优点在于可以活跃销售现场氛围，激发顾客的思维，同时收集更多有价值信息；缺点是逻辑性不强，容易造成思维混乱。

比较封闭式问题和开放式问题，可以用一个例子来体会。比如，人们见面常说“你吃了吗？”，回答者只有两个选择“吃了”或“没有”；如果你问“早上吃了什么？”，每个人都会有自己的答案。

3. **导演式提问**

设计一些大的问题，将说话的主动权交予对方，自己认真地倾听。一般只有建立了亲密的客服关系后才能应用导演式提问，只有朋友之间才能自然流露。什么样的问题会让顾客愿意主动诉说呢？最让人感到骄傲的事情，最能展示自我的事情，最擅长的事情，最了解的事情等。例如，一位父亲最骄傲的是自己的儿子，如果让他谈谈儿子的成长，他一定停不下来。

4. **组合式提问**

将很多问题集中在一起，整理出程序，一步步地提问。为获得信息，并能按照提问者的思路演进，将各种形式的提问进行事先组合。组合式提问预先要有充足的准备，在提问过程中提问者还需要根据获得的即时信息对提问程序做适当调整。导购员在营销过程中应该根据不同的顾客类型或情境，提前设计提问程序。使用前要反复演练，并厘清思路，使提问目的清晰明了。在营销实战中，导购员还要根据实际情况，不断修正提问程序，并在应用中根据现场信息灵活掌握。

设计不恰当的组合式问题，随时可能因为顾客说“不”，导致进程终断。可以使用一些恰当的提问方法，比如选择法，回避顾客直接拒绝的尴尬。例如，“吴太太，您喜欢浅色的还是深色的T恤衫？”“吴太太，您是用现金支付还是信用卡支付？”“吴太太，是现在给您包好直接带走，还是过后给您送到府上？”

除了提问技巧以外，什么在提问环节更加重要？真诚友好的态度，对于保障提问程序的顺利进行也至关重要。导购员为什么问这个问题？是对交易能否成功的焦虑，还是对顾客需求的关心？导购员的态度，顾客是可以从他的一言一行中体会到的，这是没有方法设计的。无论导购员采用怎样的提问技巧，前提都必须是提供给顾客最好的服务。问题出自于导购员对顾客的关心，保持好奇心，认真地倾听顾客是提问的前提。

（三）以实例打动顾客

讲道理，不如举例子。社会心理学告诉我们，有两个途径说服别人，一是中心途径，就是人们常说的以理服人；二是外周途径，就是人们常说的以情动人。哪一种更有效果呢？下面这个故事会给你启示。

1988年，身为副总统的老布什和马萨诸塞州州长杜卡斯基竞选美国总统。杜卡斯基一直遥遥领先，很多人确信老布什将以失败告终。但是仅仅几个月后，杜卡斯基的领先优势就消失殆尽，而老布什笑到了最后。是什么原因让老布什轻而易举地赢得了胜利呢？

很多分析家将老布什的胜利归功于一个叫做威利·霍顿的人。《时代》杂志甚至将霍顿称为“乔治·布什最有价值的演员”。

但实际上威利·霍顿和老布什毫无关系，素不相识。霍顿是马萨诸塞州一个监狱里的长期服刑的重罪犯。当时，马萨诸塞州执行了罪犯休假计划。霍顿得以在刑期结束之前被提前释放。这位老兄在休假期间，逃到了马里兰州。在那里，他当着一位妇女男友的面，强奸了这位妇女。此前，这位妇女的男友已经被霍顿打伤并绑在了椅子上。当霍顿被提前释放时，担任马萨塞州州长的正是杜卡斯基。布什的宣传阵营在一系列的电视宣传中不断播出霍顿阴沉的面部照片，并展示罪犯们从监狱的旋转门进进出出的画面。他们的意图是要向公众宣示杜卡斯基在控制罪犯方面软弱无力。

一图胜千言，事实胜雄辩。布什阵营正是通过外周途径来达到自己目的的。而杜卡斯基却致力于通过中心途径来为自己开脱解释。

杜卡斯基拿出大量的事实和数据来说明，马萨诸塞州只是许多个实施罪犯休假计划的州中的一个，而且，即便是联邦政府的监狱也让犯人休假，暗示布什身为副总统，也逃脱不了干系。杜卡斯基还用确凿的数据指出，在1987年，53000名犯人在20多万次休假中，只有很小比例的人惹过麻烦。但最终，杜卡斯基的中心途径没能敌过老布什的外周途径，败下了阵来。

越来越多的证据显示，顾客购买决策的依据，往往是他们自以为重要、真实、正确无误的认识，而不是来自具体的、理性的思考或斤斤计较的结果。重要的是顾客认为产品、服务体验怎么样，而不是产品、服务真的怎么样。与其给顾客呈现大量枯燥无味的数据，不如给他们列举一些鲜活的例子或者精美的图片。

导购员每天面对上百名顾客，成交几十次，如果善于积累，一定能不断丰富自己的案例库。把这些故事积累下来，分享给你的新顾客，特别是一些有相似经历的新顾客，他们一定会感同身受。积累一些其他素材，如画册、照片、视频、微博、证书等。一张证明材料产生的效果，可能超过你上百句的介绍。

（四）经得起拒绝

导购员是遭受最多败仗与屈辱的人，每一位导购员都遇到过尖酸刻薄的人，任何高水平的导购员也无法保证不被拒绝。但是，高水平的导购员除了在失败后能够很快摆脱沮丧的情绪，乐观地面对工作以外，他们还有相应的策略应对拒绝，使销售的成功率提高。

“你的价格太高了。”这是销售领域的头号拒绝。事实上没有哪一种拒绝是新鲜的，你以前都听到过这些话，一般顾客总会找出5～20个现在不会购买的原因。有的拒绝只是一种推托，也就是顾客对导购员采取了拖延战术。但无论是拒绝还是推托，导购员的感觉都是一样沮丧的。

当一位顾客拒绝导购员的导购服务时，导购员首先要摆脱突如其来的沮丧情绪，继续挖掘顾客拒绝的真正原因，如果能发现原因，就会有策略解决，从而有机会促成交易。可以将原因分为以下几类：对产品本身不满意；对导购员的服务不满意；还有更佳的选择；价格超出了预算；顾客自身的其他原因。导购员首先要倾听顾客的理由，并判断这种说法到底属于那种类型，也就是说一定要知道顾客拒绝的真正原因。并从以下三方面着手解决。

1. 找原因，给压力，刚柔并济

面对顾客的拒绝，采取不作为的方式，顾客感受不到任何压力，因而就可以轻易地逃脱，从而降低销售成功的概率。大量的店铺案例告诉我们，适当给顾客施加压力，可以使导购员变被动为主动，从而找到顾客离开的真正原因，有利于促进成交并提升销售业绩。但导购员一定要把握好压力点，压力不可以太大也不可以太小，因为太大会让顾客讨厌你，太小则没有任何作用。

2. 处理顾客异议，推荐立即购买

找到顾客的所有异议后，就应该立即处理问题并在问题解决后再次推荐顾客购买产

品。因为当顾客还在店面的时候，导购员可以去影响并激发其购买欲望与热情，而顾客一旦离开店面导购员就鞭长莫及了。所以不要轻易让顾客离开，应该抓住机会进行销售。具体方法如下。

（1）给压力。比如告诉顾客这是最后一件、优惠活动即将结束、赠品有限等，给对方营造一种紧迫感。

（2）给诱惑。告诉顾客现在购买可以得到什么利益。其实人都受利益驱使，导购员将顾客买与不买的利弊向顾客陈述清楚，可以增加销售的成功率。

3. 增加顾客回头率

如果顾客确实想到其他商店去比较一下或与家人朋友商量一下，这种心情导购员应该理解。此时不可以再强行推介，否则会让顾客感觉不舒服，但是一定要增强顾客回来的概率。有研究表明，顾客一旦回头，其购买概率为70%。那么如何增加回头率？导购员可以从两个方面着手。

（1）给面子。如果不给顾客面子，即使顾客喜欢也不会再回头，因为回头就意味着软弱和没有面子。

（2）给印象。顾客离开后还会去其他店，看许多款衣服，可能会受到别的诱惑，导致最后对这款衣服没有任何印象，这非常不利于顾客回头，所以在顾客离开前可再次强调衣服的卖点，一定要给顾客留下深刻而美好的印象。

（五）促成成交的技巧

还有一些技巧可以应用到交易中，恰当地使用这些技巧，可以起到事半功倍的效果。

1. “几选一”成交法

提供给顾客几种选择方案，任其自选一种。顾客只要回答询问，就能达成交易。这种方法把购买的选择权交给顾客，没有强加于人的感觉，因而可以减轻顾客做购买决定的心理负担。这种方法要注意几点：其一，供选择的产品数量不宜过多，但也不宜过少。过多会增加顾客选择的负担，过少会让顾客无法感到差异。其二，选择的产品要在层次、类型上有差异，具有可比性。顾客的性价比并非总是出自严密的计算，人们习惯于就近取材，并且在比较中产生“便宜”、“品质高”等感受。

2. 跳跃式成交法

跳跃式成交法是导购员假定顾客已经做出购买决策，只要对某一具体问题做出答复，就可促使顾客达成交易的方法。跳跃式成交法先跳过双方敏感的是否购买的话题，然后自然过渡到实质的成交问题。如果顾客对产品兴趣不浓或还有很大的疑虑，导购员不能盲目采用此法，以免失去顾客。另外，对于较为熟悉的老顾客或个性随和没有主见的顾客，可以使用跳跃式成交法；而对于自我意识强的顾客，不宜采用此法。

3. 排除顾虑成交法

顾客往往担心产品质量，比如，有的顾客担心是否有满意的售后服务。如果不解除顾客的顾虑，顾客往往会拖延或拒绝购买。排除顾虑成交法，即在顾客面前强调对产品的保障，做出相应的承诺，消除或减少顾客的顾虑，增强顾客的购买决心，利于顾客迅速做出购买决定。

4. 从众心理成交法

从众心理成交法是导购员利用顾客的从众心理，促使其做出购买决策的一种方法。因为人的行为不仅受观念的支配，而且更易受到社会环境因素的影响，表现出程度不同的从众心理。运用此法时导购员必须分析顾客的类型和购买心理，有针对性地适时采用，切忌不分对象胡乱运用或蒙骗顾客。从众心理成交法可简化劝说的内容，降低劝说的难度，但是不利于导购员准确、全面地传递产品信息。

三、促成交易的实践训练

（一）引导顾客试衣

一般顾客拒绝试衣有这样几种可能性：对这件衣服兴趣不大；没有购买的欲望；价格太高；怕麻烦；顾虑试衣后不买不好意思等。

根据可能遭遇到的拒绝，各小组设计引导顾客试衣的语言，并扮演导购员和顾客的角色进行演练，从顾客的角度体会服务的感受。

（二）设计应对顾客拒绝的方案

要想预防被顾客拒绝，导购员必须做好充分的准备，针对拒绝理由设计应对方案，努力促成交易。针对上文中提到的顾客试衣过程中拒绝试衣的几种可能性，设计应对方案。

可能性1：对这件衣服兴趣不大。

应对方案：推荐顾客了解其他款式服装，主动引导顾客朝购买的方向前进。只要顾客愿意了解其他款式的服装，导购员就可以深入展开发问，以了解顾客的需求和喜好，使销售过程得以顺利进行。

可能性2：没有购买的欲望。

应对方案：既不可以轻易放弃，也不可以对顾客施压过大，而是应该积极引导顾客看到产品的优点并鼓励她试穿。要学会顺势引导和推动，但绝不要帮助顾客做决定。

可能性3：价格太高。

应对方案：真诚地解释公司的定价策略，强调品牌服装的优点并主动引导顾客体验这些优点。如果顾客仍然觉得价格偏高，可主动转向价格稍低但风格类似的服装继续推介。

可能性4：怕麻烦。

应对方案：导购员要主动放低身段，耐心说服顾客试穿，使顾客感受到尊重，从而配合导购员的工作。

可能性5：有顾虑，试衣后不买不好意思。

应对方案：导购员要耐心地了解顾客大概能接受的价位和喜欢的风格，真诚地向顾客推荐试穿，并告知顾客试穿后不买也没关系，或者可以考虑以后再买，打消他们的顾虑。

因为同样的拒绝通常会以不同的形式出现，因此，要根据实际情况制订应对方案，通过实践进行检验并修订方案，对每一种拒绝都要设计多个场景。

例如：

情境1　顾客提出要回去和家人商量一下。

导购员：是的，您有这种想法我可以理解。现在赚钱不容易，衣服的价格也不便宜，肯定要与老公商量一下，多做一些考虑，这样买了才不会后悔。这样好吗，您再坐一会儿，我多介绍几款给您，您可以再多看看，多比较一下，这样考虑起来才会更加全面。

情境2　顾客坚持要回家商量，不能决策。

导购员：我给您记下了几款衣服的型号和尺码，您可以拿回家参考。××品牌的服装在××地区有3家，我们这里是最大、款式最全的，这是我的名片和产品介绍您也收好，我们将期待能为您再次服务。再见！

制订拒绝清单和应对策略时需要进行角色训练，最好能让同事和顾客参与其中，演习应对之策。在设计好解决方案之后，针对每一种可能出现的拒绝情况进行排练，以便达到熟能生巧的效果。在排练结束后，对需要修改的语句立即着手修改。

第四节　售后服务

一、售后服务是销售活动的重要环节

产品成功售出，并不意味着销售活动的结束，售后服务是整个销售活动的重要环节。

与其有1000位潜在顾客，不如有100位老顾客。店铺开发一个新顾客的成本是留住一个老顾客的5倍，而流失一位老顾客的损失需要争取到10位新顾客才能弥补。导购员应该充分体会到老顾客的价值，并在老顾客的维护上做些事情。现代化的管理工具为老顾客的维护提供了便利。

现代信息技术发展使人们之间的沟通距离、速度产生了革命性的变化，如果现在将地球比作一个村落，没有人会提出质疑。这种发展也导致了传统销售活动的变革。过去，当产品售出后，顾客之间相互隔离，顾客和商家仅存在单线的售后服务；现在，产品售出后顾客间可以通过新媒介发表自己的评价和使用心得，陌生的顾客间、顾客与商家之间产生了多渠道交流，这是以前难以想象的。农耕时代的口碑营销，在现代的地球村中流行。在这种信息交互网络中导购员要做些什么？扮演怎样的角色？值得思考。

产品出现问题，交易的过程中出现问题，产品的使用中出现问题，这些问题通过不断努力可以减少，但无法消除。一旦顾客遇到问题，如果他们不满意，导购员应该怎样处

理？赔偿、更换产品只能解决表面问题，无法让顾客完全满意，导购员必须关注顾客，不但解决问题，还要让他们感到关爱。其实会抱怨的顾客，往往是最忠实的顾客。

二、售后服务的相关知识和技能

（一）关注老顾客

回忆一下你孩提时的情景。你还记得街角的食杂店或糖果店的老板吗？他知道你是谁或者你的父母是何人吗？通常食杂店的老板会这样跟你打招呼："嗨！阿兰，回来了？云南之旅好玩吧？"或者水果店的老板会这样对你说："阿兰，你喜欢吃的菠萝，刚进的，要我帮你削一个吗，还是选点别的？"这就是关系营销，与你的顾客建立一对一关系，是在现代技术之外，看起来非常传统的营销，它满足了消费者个性化的需求和欲望，并让消费者感到了受关注和尊重。这种老顾客的维系在现代化的营销网络中是否还能实现呢？

导购员抱怨，"每天面对的顾客太多了，我根本无法识别他们！"多亏了计算机数据库，连小商店也能够收集信息，并用它来留住顾客。现在有专门的开发商，设计一些实用性强的顾客关系管理系统（CRM），可以建立丰富的顾客关系渠道，并管理交互信息。

面对信息化的发展，客户关系管理在20世纪90年代得以萌芽，并获得爆炸式的迅猛发展，形成了今天客户关系管理的火热现状。1990年前后，许多美国企业为了满足日益竞争的需要，开始开发销售自动化系统（SFA），随后又着力发展客户服务系统（CSS）。1996年后一些公司开始把SFA和CSS两个系统合并起来，再加上营销销售策划（Marketing）和现场服务（Field Service)，并集成CTI（计算机电话集成技术），形成集销售和服务于一体的呼叫中心，这就是CRM的雏形。从此，客户关系管理的相关研究和应用进入了高速发展期。一般来说，CRM可以通过三点来表述：第一，客户关系管理是一种管理软件和技术；第二，客户关系管理也是一种旨在改善企业与客户之间关系的新型管理机制；第三，更重要的是客户关系管理体现为一种管理理念。特别是随着CRM的不断发展和运用，其管理理念的体现必将愈发明显。

尽管有先进的技术支撑，顾客满意的许多方面仍是保持不变的，特别是心理和行为因素几乎一成不变，基本的关怀感、关注以及能力将继续在构建顾客满意和忠诚上发挥关键作用。当太多的技术、信息摆在我们眼前时，导购员基本的关怀、关注以及能力将继续在构建顾客满意和忠诚上发挥关键作用。在下面的故事中能够看到，在一座现代化的五星级酒店中，一套先进的管理系统是如何与服务员甜美的微笑完美结合的，从而提供给顾客最优质的服务。

著名的经理人余世维先生曾讲述过他的这样一段经历。

"在泰国曼谷，清晨酒店一开门，一名漂亮的泰国小姐微笑着和我打招呼：'早，余先生。'

'你怎么知道我姓余？'

‘余先生，我们每一层的当班服务员都要记住每一个房间客人的名字。’

我心中很高兴，乘电梯到了一楼，门一开，又一名泰国小姐站在那里，‘早，余先生。’

‘啊，你也知道我姓余，你也背了上面的名字，怎么可能呢？’

‘余先生，上面打电话说你下来了。’原来她们每个人身上都挂着对讲机。

于是她带我去吃早餐，餐厅的服务员替我上菜，都尽量称呼我‘余先生’，这时来了一盘点心，点心的样子很奇怪，我就问她：‘中间这个红红的东西是什么？’

这时我注意到一个细节，那位服务员看了一眼，就后退一步开始向我介绍那个红红的东西。

‘那么旁边这一圈黑黑的东西呢？’我问。

她上前又看了一眼，接着后退一步开始介绍那黑黑的东西。

这个‘后退一步’就是为了防止她的口水会溅到菜里。我退房离开的时候，刷卡后她把信用卡还给我，然后再把我的收据折好放在信封里，还给我的时候说，‘谢谢你，余先生，真希望第七次再看到你。’第七次再看到我？原来那是我第六次入住该酒店。

3年过去了，我再没去过泰国。有一天我收到一张卡片，发现是那家酒店寄来的：‘亲爱的余先生，3年前的4月16日你离开以后，我们就没有再看到你，公司全体员工都很想念你，下次经过泰国一定要来看看我们。’

下面写的是‘祝你生日快乐’。原来写信的那天是我的生日。”

这种优质的服务无疑赢得了一位顾客的心。

（二）接待抱怨顾客

反馈对于任何改进都是至关重要的，而且通常负面反馈（顾客的抱怨）对商店的帮助最大。负面反馈、投诉，有时会让导购员感到受伤、自尊受创，或者说，让导购员显得愚不可及。但是，作为导购员，应该努力克服“抱怨使人感到受伤”的心态。因为这种负面反馈能够改进导购员的表现。

当顾客抱怨时，导购员采取什么做法决定了是否能够获得顾客的忠诚。让沉默的、不满意的顾客说出他的不满，需要创建开发沟通的渠道。当人们感到他们的意见受到重视，而且有所回报时，开放的沟通才可能发生。不管是负面的还是正面的反馈，导购员都要真诚地、开放地欢迎。

好消息是，那些抱怨得到良好受理的顾客极有可能成为回头客。只有9%～37%的不满而又不抱怨的顾客，表现出了重复购买的意愿。然而，有50%～80%的抱怨得到处理的顾客将会考虑再次购买，即使他们的投诉并没有得到完全令人满意的解决。抱怨处理的三大基本原则如下。

1. 尽快处理抱怨问题

顾客的抱怨必须即时处理，美国服务业质量管理奖的获得者Patrick Mene 总结了“1—

10—100”的服务补救法则，即出现服务失误后，当场补救可能要使企业花费1美元，第二天补救的费用是10美元，而以后进行补救的费用会上升到100美元。这是对服务补救经济效益的最好诠释。

2. 解决抱怨不应在公众场合进行

如果在店铺大堂等人多的场合发生客人激烈的投诉，须先陪伴顾客到安静、舒适并与外界隔离的地方，如办公室、休息间等。要有礼貌地接待，请他坐下，最好与顾客一起坐在沙发上，使顾客有一种被尊重的平等感受，再给顾客倒一杯饮料或茶，请他慢慢讲述问题，在态度上给投诉人亲切感。有人认为由女性负责人来接待顾客投诉比较合理，因为女性的微笑容易使暴怒的投诉者趋于平静。

3. 处理抱怨不能转移目标、推卸责任

对于顾客的投诉，导购员应从整体利益出发，不能仅为了保全自己或本部门而盲目拒绝投诉，转移目标，更不能贬低他人，推卸责任。经常听到导购员这样向顾客解释：“这不是我的错，这是别人（领导的错、同事的错、供应商的错）的错。”这种解释不但不能解决问题，还会损害企业的形象，让顾客感到你的企业不可靠。如果顾客听到“这是我的错，我马上解决”，也许他会增加对企业的信任。

（三）参与顾客交流

1. 顾客净推介值

测评顾客关系强度最好的方法是通过顾客净推介值（NPS）收集数据，这是基于对“你会把这家企业推荐给朋友或同事吗？”这句话的问答。这种有关顾客满意度的测评方法越来越普及。让老顾客为你推荐一位新顾客，这是真正的有关产品或服务表现的成绩单，因为他们会以此为依据来决定是否把你推荐给他们的朋友或合作伙伴。

“酒香不怕巷子深”，这是传统口碑营销留下的经典语录，这种已渐渐被遗忘的营销方式，因为现代信息网络的发展而再次充满活力。前几年，当我们听到“地球村”这个称谓时，更多地认为这是一种口号，然而今天我们已经能够感到身边的变化，那种存在于古代农庄的口口传递的营销方式，能量被无数倍地放大。这一切甚至改变了消费者的购买行为，改变了传统的销售过程，同样它也影响到了导购员的角色和行为变化。

2. AIDMA营销理论

AIDMA营销理论告诉我们，顾客购买决策行为有一个一般过程（图3-1），即关注——兴趣——渴望——记忆——购买。现代广告正是基于此，采用广而告之的手段，让更多的人关注，并引发兴趣和渴望，最终记忆并在现场还原，引发购买行为。在这个时代，经营者投入更多的精力在广告的制作和传播上，首先要做到的就是让更多人知道品牌及产品并留下记忆。新型AISAS理论告诉我们，在网络时代，人们的关注引发主动搜索，顾客在充足的信息储备后，才会产生购买行为（图3-2）。更重要的是购买行为并非销售活动的终止，人们会通过网络交互平台分享自己使用产品的感受，而更多的顾客会在购买前搜

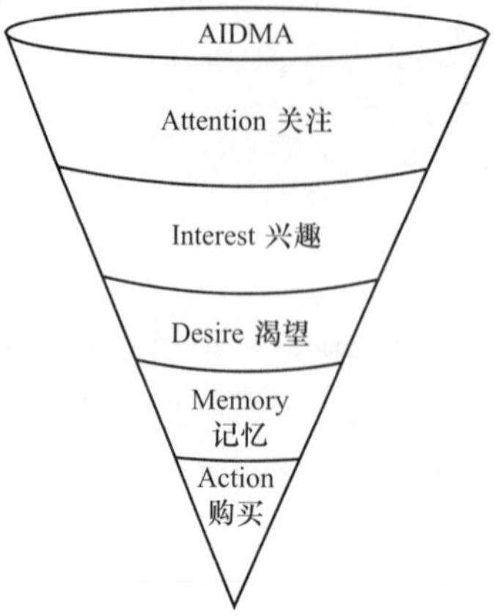

图3-1 AIDMA营销理论

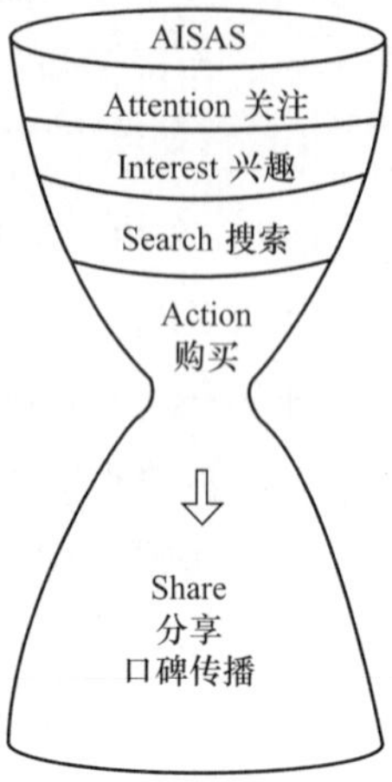

图3-2 新型AISAS理论

索他人的分享。如果说传统销售模式下导购员和顾客是一种上下的单线关系，顾客与顾客之间较少沟通，那么在互联网时代，顾客间的交流可能成为主流。

在这种状况下，导购员的功能可能被弱化，即顾客之间的交流取代了部分导购员的服务，如产品的知识、使用的技巧等更多地在顾客分享间完成。按照这个逻辑推理，导购员是否会被边缘化，是否会退化成产品的"搬运工"？互联网时代导购员的角色和行为需要变化。

顾客间的交流，使传统的纵向营销行为平面化。在一种平面化的互动交流网中，导购员的主导地位下降，与顾客在信息、专业知识、使用产品技巧上逐渐平等，这意味着导购员指导性的服务被参与和交流所取代。导购员要想对顾客产生影响，必须成为营销活动的参与者，参与到顾客的分享和交流中。互联网拉近了人们间的时空距离，形成了许多新的群体，有些甚至是隐藏的，不易被发觉的。导购员需要有能力察觉到这些群体的存在，并能参与其中，成为群体中的重要一员。

你的QQ上有多少群，你加入了多少论坛？这些群、论坛和导购工作有关系吗？你是否经常在群中发言、留贴、转帖？在这些群体中你扮演着什么角色？旁观者、参与者还是活跃者，你的身份决定了你在群体中的价值。你熟悉网络交流的语言吗？你能正确使用网络表情吗？你的交流能力决定了你在网络群体中的影响力。

三、售后服务的实践训练

1. 如何面对顾客投诉

当有顾客向导购员投诉时，可能的反应有如下几点。

"这真是件麻烦事。"

"为什么让我遇到这种事。"

"什么时候才能摆脱它。"

导购员也许会有以下几种对答。

“这不是我的错，你应该找……”

“这不可能，从来没有遇到过这种情况。”

“我没有办法。”

顾客开始投诉时，从导购员口中冒出的前几句话将会大体上决定得到的反馈质量和数量。听到投诉，导购员的自然反应是自我保护，自我辩解，这是不妥的，正确的做法是鼓励顾客，迅速响应顾客的问题并传达一种解决问题的意愿。传达出开放式的接受态度，这对反馈的最初响应是至关重要的。要避免表现出一种防卫的姿态，也不要提出额外的细节要求。接受这个现实——顾客的投诉总有他的道理，因为它对顾客来说确实是存在的问题。不要自我辩解，先听完整件事的过程。只有鼓励顾客的行为而不是对他们进行质问，导购员才能营造一个良好的反馈氛围。

在面对面的情况下，导购员应该与顾客保持目光接触，并用非语言的行为表明自己有兴趣倾听。留意自己的面部表情，不要出现傻笑或面露疲惫。如果与顾客的接触方式是电话，要避免过长时间的相对无语。

要避免可能被顾客理解为质问的言辞。如果怀疑问题可能是顾客造成的，那么应该先等顾客把话说完，然后有策略性地询问顾客。问题不在于顾客和导购员谁是对的，建设性的态度才是一种合作和解决问题的态度。

2. 创建一站式服务

“这不是我的事情”，这也许是顾客最不想听到的一句话。在寻找某些机构办事时，经常会遇到这种情况，没有部门对这件事情负责，或者没有人对整件事情负责，人们从这个窗口被支使到另一窗口，有时甚至在两个窗口间来回几次。如果顾客遇到了麻烦，还不得不向所有人重复解释其中的原委，这简直会把人逼疯。所以导购员要力争为顾客提供一站式服务，让他们在一个地方获得所需要的一切，轻松解决问题。

一站式服务就是顾客投诉的受理人从受理顾客投诉、信息收集、协调解决方案到处置顾客投诉的全过程跟踪服务，有如下几点要求。

（1）快速：受理人直接与顾客沟通，了解顾客的需求，协商解决方案，指导顾客办理相关手续，简化处置流程，避免多人参与而延误时间，提高办事效率。

（2）简捷：省去解决顾客投诉中间的复杂环节。

（3）无差错：避免因压缩流程、减少批准手续产生差错，造成顾客重复投诉。

3. 实战训练

制订一个一站式服务流程。其中包括接待、倾听、安抚、解决等几个环节。设计流程要包括具体的细节，例如接待的场所、人员，倾听、安抚的策略以及提供的可接受的解决方案。

如果有机会，在店铺实习时，应用自己设计的流程处理投诉。当然要得到店长的首肯。

思考讨论

1．你听说过“六度空间”理论吗？该理论给你怎样的启示？

2．如果有位看上去并不美丽的顾客站在你面前，你将怎样赞美她呢？

3．如果一位顾客非常气愤地来投诉，你该怎样处理呢？

4．你怎么理解互联网时代，服装导购员角色和行为的变化？

上篇综合实训项目

为了进一步巩固理论学习和校内实践技能，安排学生到合作企业的店铺中进行见习以及顶岗实习。

一、见习实训项目

（1）实践地点：服装店铺。

（2）分组训练：每组3～4人。

（3）指导教师：课程教师、店铺辅导员（专业服装导购员）。

（4）实践内容：协助店铺辅导员完成服装销售工作，通过观察、倾听了解顾客购物进程中的各种信息，做好见习日记。以实习店铺为观察场所，选定观察的对象，选择观察的主题，进行综合观察，并根据观察结果，思考和总结。

例如，若这家店铺让顾客感到很温馨，那么就可以以“温馨”为主题，观察这家店铺。观察店面装饰、陈列，观察导购的言语和行为，观察顾客的姿态和表情。用笔、照相机记录看到的、听到的信息，收集与主题有关的信息。

再如，观察顾客消费决策前的行为表现。首先，选择一个观察点，在不会影响现场其他人的情况下，观察、记录每位消费者在决策前的行为表现，如面部表情、身体姿态、语言表达等。可以事先设计观察表格，如下表所示，这样便于系统地记录观察结果。

表　消费者决策前行为特点

	基本信息（性别、年龄等）	面部表情	身体姿态	语言表达
对象1				
对象2				
……				
对象n				

（5）实践总结：观察后，整理笔记、照片，回忆那些不便于现场记录或拍照的情境，根据主题制作PPT，以小组为单位在课堂上交流。

（6）实践评价：店铺辅导员对学生实践表现进行评价；课程教师对学生的实践报告进行评价；小组成员之间互评。

二、顶岗实习项目

（1）实践地点：服装店铺。

（2）分组训练：每组3～4人。

（3）指导教师：课程教师、店铺辅导员（专业服装导购员）。

（4）实践内容：一天内完成店铺一个班次的工作内容，从“早课”开始，一直到交接班；每个小组学生至少保证完成一次完整服务过程，包括预备、接近、沟通并争取促成交易。

（5）实践总结：以小组为单位完成实践报告，并从预备、接近、沟通和促成交易等环节逐层分析；学生个人撰写实践体验报告，分享个人体会。

（6）实践评价：店铺辅导员对学生实践表现进行评价；课程教师对学生的实践报告进行评价；小组成员之间互评。

下篇　服装店长成长训练

教学目标：服装店长是总部政策的传递者、店员之间的协调者、责任的承担者和员工的培训导师。服装店长在日常工作和生活中主要起到核心人物的作用，向上连接着品牌公司，代表公司形象，向下连接着一线店员，代表终端声音。如何主导全局，关键还是靠管理。本篇教学中要努力使学生树立正确的心态，掌握建立规范的店铺运作体系和提高士气、激励员工的方法，强化销售现场管理和货品管理，把团队精神的训练和管理理念的提升贯穿于服装店长的成长训练中。

教学方式：案例与理论教学为主，课外实训为辅。

教学要求：

1．开始教学时，教师要明确各个任务的目标和训练要求；

2．学生在任务实施环节之前，要努力学习相关案例、知识与技能，并有独立思考和观点。

3．任务实施和实践操作可以是个人，也可以是小组，在充分讨论案例的基础上由教师和学生共同总结归纳出理论要点。

4．对于学生在各方面的表现要及时给予真实反馈和鼓励。

课前准备：

1．课前学生对各个任务的目标和要求要进行预习。

2．学生在课程开始前，熟悉案例，并根据任务实施要求提出自己的观点。

3．课程开始后，先对案例进行提问和讨论。

4．教师指定学生参考用书、电子资料或网络学习内容。课后要不断拓展和强化学习。

5．每次新课前对上一节内容和思考实训题目进行有针对性的提问和讨论。

第四章　服装店长上岗前的准备

【学习目标】

知识点：

1．了解服装店长的工作职责和要求。

2．了解服装店工作流程。

3．了解优秀服装店长的素质和心态。

能力点：

1．能正确认识服装店店长的权力和角色定位。

2．能做好服装店店长上岗前的准备。

【引导案例】

ZARA在智联招聘网招聘服装店长的广告

公司行业：服装/纺织/皮革 批发/零售　　公司性质：外资（欧美）

公司规模：500人以上　　招聘职位：Store Manager　　招聘人数：1

职位职能：店长/卖场经理/楼面管理

职位描述：

Responsibilities：（职责）

（1）Managing the PRODUCT as a whole (making orderings, organizing deliveries, stocktaking, stockroom organisation, etc.)

有产品的整体管理能力（下订单、理货发货、盘货和库存管理等）。

（2）Managing the TEAM and controlling all the HR procedures (fashion advisors recruitment; training, developing and appraising the team, solve conflicts, make the schedules, organising holidays, controlling the hours, etc.)

有团队管理和掌控人力资源的能力（导购员的招聘、培训，团队的开发和激励，解决矛盾和冲突，制订日程表，安排假期并进行时间管理等）。

（3）Provide and guarantee the best COSTUMER SERVICE according to the costumer.

确保能根据顾客需求提供最佳的服务。

(4) Assure an excellent image of the store by accurate merchandising.

以精确的商品销售规划确保店面的良好形象。

Requirements:(要求)

(1) University degree is required.

学历/学位:本科/学士。

(2) At least 2 years experience in managing a store or a section in retail, specially fashion retail.

两年以上店面管理或零售经验,有服装零售经验者优先。

(3) Experience in Costumer Service at high level stores will be appreciated. Also deep knowledge of product design, trends and fabrics.

有高端店铺顾客服务经验,熟悉产品设计、流行趋势和服装面料者优先。

(4) English is compulsory, other languages are appreciated.

英语熟练,有其他语言能力者优先。

第一节 认识服装店店长

服装店的管理如何出效益,如何体现整体的管理水平,如何提高服装店的销售业绩,店长的管理是关键。无论是店中店还是专卖店,店长都是一个店的灵魂。店长的管理能力及领导能力,直接影响着整个服装店的业绩。

一、服装店店长的工作职责

店长是整个服装店的最高指导者,对于服装店的经营管理负有全部责任。作为店长,需要完成总公司或上一级主管部门的各项经营指标。经营指标通常包括营业目标、毛利目标、费用目标、利润目标等。因此,店长在销售、采购及广告宣传等诸多方面必须加以足够的注意,努力控制成本,减少费用。根据总体经营指标,结合本店的实际状况和周边竞争对手的情况,店长应制订相应的销售工作计划,并根据店铺的消费群体消费习惯、商业氛围、节日类别等制订出相应的促销活动,尽力完成各项经营管理指标。ZARA的招聘广告中特别强调了团队管理和掌控人力资源的能力、产品的整体管理能力和确保能根据顾客需求提供最佳服务的能力。从管理的角度来说,所对应的店长工作职责主要是人事管理、货品管理和客服管理,具体如下。

(一)人事管理

(1)依据店内营业需要及时招聘和选拔店员。

(2)根据服装企业的服务标准、员工守则、岗位职责,结合员工的业务水平和推销技巧等，对员工进行定期或不定期的培训。

（3）在工作时间检查和指导店员的工作，进行业绩考核，确保店员按照公司规定的标准进行工作。

（4）对店员的日常工作表现进行检查、评定和考核。协调矛盾，及时给予店员调岗或再培训的机会，确保店员的服务质量令客户满意。

（5）开展各种活动、营造良好的工作氛围，激发店员的工作热情，调节卖场购物气氛。

（二）货品管理

（1）科学合理地订货，依据货品管理原则和处理程序，做好店内滞销品和次货处理、退换货处理、产品盘点以及存货与物流等方面的工作，达到满足顾客需求、控制费用，提升利润空间、增加产品销售机会、保持合理库存量的效果。

（2）关注卖场细节，对公司的配货提出意见和建议，决定店内的货品调配，选择有效的货品销售方法，减少不合理库存，提高货品效益。

（3）控制货品管理的成本，实施精细化管理，严格管理和审批服装店的货品管理费用，重点关注仓储费用和陈列费用。

（三）客服管理

（1）依据一定的程序和准则协调解决和处理顾客的抱怨与投诉，减少和降低顾客的抱怨情绪。

（2）确保顾客对店员服务的满意程度。组织开展顾客需求调查，建立顾客资料档案、VIP档案，开展各种售后活动。

二、优秀服装店长的技能要求

店长是一个店铺的管理者和企业的第一代言人。对服装企业来讲，店长代表品牌负责整体店铺的店铺形象和经营绩效。店长是店铺整个团队的指挥者，是实现店铺营业额目标的关键。对导购员而言，店长是员工利益的代表者，是他们的代言人。有许多店长对自己的角色是这样认识的：一个店就像是一个家，店长就是这个家的家长。家长要操心这个家的所有问题，包括人员、服务、货品、财务、陈列、信息、卫生和安全等诸多方面。任何一个小细节考虑不到，就有可能给工作带来不良影响。更多的服装企业则希望店长是一名优秀的导演。店面是一个表演的舞台，店堂内的硬件设施就是布景和道具，一年四季不断变化的服装货品构成了故事的素材。服装店长要把这些素材组织成吸引人的故事，讲给每一位光顾的客人。故事讲得好不好，客人爱不爱听，全凭店长的组织、策划和安排及带动。

通过ZARA品牌的招聘广告可以看到，一名优秀的店长（Ideal Candidate）需要掌握相关技能并具备较高的管理水平，具体如下。

（1）有管理和领导一个团队的真实经历。

（Proven track record of managing and leading a team.）

（2）有激情并能带领店员实现店铺业绩。

（Have a genuine passion for setting and achieving high store standards.）

（3）具有高度以顾客为中心的环境体验。

（Experience a highly customer-focused environment.）

（4）有实现销售目标的真实记录和强大的商业头脑。

（Proven background of achieving sales targets, strong commercial acumen.）

（5）有一流的沟通技巧。

（First class communication skills.）

（6）有识别和解决问题的能力。

（Ability to identify and resolve problems.）

（7）有良好的培训他人的能力和人员管理的能力。

（Excellent coaching and people management skills.）

（8）在零售业务过程中，具有优化所有关键功能区域的能力。

（Ability to prioritise all key functional areas within the retail business.）

（9）有良好的分析能力。

（Good analytical skills.）

（10）熟悉库存控制管理。

（Stock control management.）

（11）熟悉业务、本地情况和顾客档案。

（Show awareness of your business, local presence and customer profile.）

第二节　熟悉服装店的一般工作流程

服装店长的作业管理除了一小部分为非例行事务外，大部分是复杂的例行公事。主要包括根据工作流程，提前安排和检查各项工作的进展和销售情况，准确掌握销售动态；及时了解货品资料、货品信息（新货与畅销货），合理组织货源；关注市场行情和消费者需求，按时达成销售目标；完成店内日常运营及市场开拓工作。因此，店长只有把握店铺作业环节的重点，才能保证店铺作业的基本正常进行。

一、营业前的工作安排

营业前的工作安排如表4-1所示。

表4-1 营业前的工作安排

工作流程	工作内容
导购员报到	每天提前15分钟到店，进入店铺后依次打开电源，做好店员的签到考勤，查看留言本上昨天的留言及营业情况，待店员到齐，召开晨会
晨会	晨会由店长主持，所有店员必须参加，议程包括： ·检查仪容仪表，整理工服，佩戴工牌； ·总结前一天的销售情况和工作； ·介绍销售计划，提出当日销售目标； ·提出当日工作要求，包括服务要求、纪律要求、卫生标准； ·注意每位店员的情绪，提高其工作积极性； ·针对新员工，进行有计划的销售技巧培训与产品知识培训（尤其是新品上市时）； ·传达上级的工作要求； ·鼓励、表扬优秀店员； ·培训新员工，交流成功的销售技巧； ·带领店员做早操锻炼，活跃气氛； ·带领店员高呼激励口号，激发工作热情，提升士气
整理	·检查店铺外观，确认店铺整体形象； ·确认人员、产品、设备、用具等就绪； ·指导清理店内卫生，并分区进行； ·指导整理货品； ·依据卫生核检表检查店铺卫生情况
收银准备	·店长指导收银员做好准备工作： ·检查收银员是否完成昨日的结算工作，包括对账、员工工作日记、流水账； ·检查收银系统软硬件是否正常； ·检查保险箱等现金存放设备是否正常； ·完成备用金清点和预领

二、营业中的工作安排

营业中的工作安排如表4-2所示。

表4-2 营业中的工作安排

工作流程	工作内容
正式营业	·巡视货场，检查清洁工作，包括橱窗、模特装饰，带领店员向顾客打招呼，并检查、补充货品； ·注意整个卖场的氛围营造，控制卖场的电器及音箱设备，及时更换橱窗、模特展示和商品陈列； ·每隔1小时到收银处查看营业状况，督导收银作业，掌握销售情况。对照以往情况进行分析，并及时提醒、鼓励店员； ·注意店员的休息、工作状态，切勿同进同出、同时休息或频繁休息； ·备齐包装纸、包装袋，以便随时使用； ·注意形迹可疑人员，防止货物丢失和意外事故的发生； ·及时主动协助顾客解决消费过程中的问题
空闲安排	·空闲时，特别是上午经常没有顾客光临的时段，可进行新员工的服装产品知识培训； ·指导店员整理货品、清洁卫生。维护卖场、库房、试衣间的环境整洁
交接班	·交接班注意店铺安全，以防因混乱而导致货品丢失； ·安排必要的人员进行导购服务，切不可冷落顾客； ·将上午店铺运营情况交代给下一班店员，鼓励中班店员精神饱满； ·交接班要以迅速、准确、方便为准则

三、营业后的工作安排

营业后的工作安排如表4-3所示。

表4-3 营业后的工作安排

工作流程	工作内容
核定目标	总结当天销售情况，核对是否实现晨会所制订的目标；分析相关问题，提出相应对策，不断改进工作方法，促进业绩提升
整理顾客档案	整理顾客档案：服装店铺一般通过发展VIP顾客方式收集顾客信息，建立VIP顾客档案。在整理顾客档案的时候首先要清点当天VIP顾客的数量，建立顾客的基本信息表并输入电脑客户管理系统
完成各种报表	填写营运报表：对于一般服装店铺来讲，当日营运涉及的报表种类有销售额（量）报表、现金结算及交接报表、商品损耗（残次品）报表、市场竞争状态报表、顾客意见收集报表、商品出入库报表、人员出勤状况报表、店铺设备资产变动报表等
货品清点和补充	利用销售系统或手工台账整理进销存数据，制作销售报表，根据报表数据抽点货品，并安排必要的货品补货订单
清洁货场及安全检查	完成店铺营业区地面、收银台、试衣间以及休息区等区域的卫生清理工作，关注货架以及货品的清洁卫生。对有关安全的设施如涉电设备、消防设备以及防盗设备进行细致检查

第三节 做好上岗前的准备工作

一、优秀服装店长的素质

随着零售业的快速发展，店长的职业素质要求也发生了极大的改变。服装店店长应该具备的特质除了身体健康、爱岗敬业、品格优秀外，还需要关注时尚，把握市场脉搏；有完善的自我意识和良好的沟通能力；能妥善授权、授责，熟悉卖场管理，带好团队；并不断学习、创新，具有渊博的学识。具体如表4-4所示。

表4-4 优秀店长应具备的素质

完善的自我意识	市场意识	店长只有具备高度的市场意识，对店铺所销售的服装商品了如指掌、理解深刻，才能敏锐地抓住市场机遇，及时做好顾客开发、宣传促销等营销管理工作。服装店店长不但要了解本行业、本地区的市场变化，还要熟悉竞争品牌的市场状况，不仅要熟悉国内市场状况，也要熟悉国际市场的变化和流行趋势
	目标意识	目标意识是成功人士最重要的特征之一。店长负责制，并不是希望把全部责任放在店长一个人身上。店长需要把目标分解到每个部门、每位店员；要与店员对实现目标达成共识；激发店员实现目标的激情和信心；让店员体会到目标实现的成就感等
	时尚意识	时尚性是服装商品具有的独特个性。不同消费者的个性品位、生活方式、消费观念、消费习惯以及社会价值观不同，对服装商品的选择也大不相同。服装店长只有热爱生活，认真去体会顾客的各种需求，准确判断流行趋势，才能真正把握住时尚。只有这样，才能成为顾客的时尚顾问和好参谋

续表

完善的自我意识	团队意识	店铺良好业绩的取得不是店长一个人的功劳，而是全体店员不懈努力的结果。店长要用自己的人格魅力获得人心，把全体店员团结在自己的周围，调动每一位店员的工作积极性
	竞争意识	店长应有强烈的竞争意识和危机感，必须清楚地认识到服饰行业的竞争是非常激烈的，客源竞争、效益竞争、生存竞争无处不在。只有树立起强烈的竞争意识和危机感，才能与时俱进，不被激烈而残酷的市场竞争所淘汰
	敬业意识	店长要把经营店铺作为自己的事业来奋斗，要有强烈的使命感，爱岗乐业，尽职尽责，要以身作则，为店员做出榜样。在服装店繁杂的工作中，智力、学历可能不是第一位的，忠诚、敬业才是第一位
沟通能力	与顾客沟通	店长在巡店过程中要经常向顾客征询意见和建议，通报服装商品信息并妥善处理顾客异议。要经常站在顾客的角度思考店员的工作和店铺的管理
	与员工沟通	店长应体察民情，经常关心店员的生活和学习，保证有足够的时间与员工交流；注意店员的身体健康和心理健康，经常慰劳店员；新老店员都要关心，不高高在上；善于倾听有情绪的店员的意见，帮助解决实际问题
人格魅力	积极向上的性格	面对挑战性目标和激烈的市场竞争，店长的压力是最大的，但作为店长无论遇到什么困难，也不能在店员面前抱怨，因为你的情绪就是全店员工的情绪。店长唯一的选择是带领自己的团队不断获得更佳的业绩。店长必须开朗、有忍耐力、有魄力、有包容力，勇于挑战。健全的人格魅力和影响力会使店员对店长产生敬重感
学识	知识广博	学识是一个人最宝贵的财富，它本身就是一种力量。一个店长要懂得很多，除了要熟悉服装商品知识、面料知识、品牌概念、陈列技巧、财务知识、搭配技巧、待客礼仪和物流知识外，还需要熟悉管理学的相关知识。只有学识渊博，才能取得店员的信任和信赖感

二、服装店店长的角色定位

店长作为店铺的经营者和管理者，对内要指导工作，制订任务，监督营运过程，分析营运中存在的问题，对出现的问题要及时解决，提供必要的帮助；对外要不断加强宣传，追求更高的美誉度和认知度。店长要做好承上启下的桥梁作用。在满足顾客需求的同时力求创造一定的利润，实现营业目标，需要在职权范围内对各项工作做出正确的决策。

服装店店长需要站在经营者的立场上，综合地、科学地分析服装店铺的运营情况，贯彻执行公司的经营方针，执行公司的品牌策略，全力发挥店长的职能，用好权力。店长作为总部政策的传递者、员工之间的协调者、责任的承担者和店员的培训导师，不能一味地发号施令。店长需要通过自身的影响力、感召力、凝聚力和亲和力，使自己成为店铺管理的核心。一个店铺的全体员工是一个有机的工作团体。要管好店铺，仅靠店长是不够的。如果店长能够最大限度地激发店员的积极性和创造性，营造良好的工作环境和氛围，制订完善的培训机制和绩效考核管理机制，就一定能为公司创造优异的销售业绩，为顾客提供良好的服务。

雅戈尔宁波专卖店是公司制订的“5S”标准化店铺管理项目的示范点和标杆店。店长董春燕说她一直把“无情的管理，有情的店长”作为工作方针。“对待工作必须高标准严要求，同时在日常管理中，鼓励大家用好的心态对待每件事情。对待错误，必须马上改正；对待成绩，要坚信这是大家努力的结果；对待新的要求，要认识到又有一次取得进步的机会。”

雅戈尔宁波专卖店的主要经验有如下三条。

1．店长、领班、柜长和优秀学员都是内训师，培训产品知识、商品优缺点及业务技能。利用晨会、客流低峰等有效时间，通过现场演示操作、成功经验分享、交流提问、PPT讲解等多种形式，让每位店员都参与进来，狠练内功，不断提高专业知识和业务能力。

2．建立绩效双核制度，个人销售提成考核，VIP指标考核等各项考核机制。通过各项日常检查对员工进行绩效评量，并将所有考核结果连同指标完成情况于每周一在“员工天地”进行通报。

3．店铺内设置了销售明星、VIP开创明星、服务明星和各团队的奖励项目，让“开心”、“PK”、“感恩”这三要素贯穿在店铺文化中。

雅戈尔宁波专卖店的培训机制、绩效考核管理机制和店铺文化调动了全员参与的积极性，发挥了团队的力量，从而保证了该旗舰店业绩的稳步提升。服装店的大小、规模、区域、品牌影响力不一样，对店长的要求也不一样，但宁波专卖店的经验和ZARA招聘店长的要求都告诉我们：团队管理能力、产品管理能力和为顾客提供最佳服务的能力的培养是店长的首要任务。

思考讨论

1．服装店长的职责和权力有哪些?

2．服装店的一般工作流程是怎样的?

3．如何成为一名优秀的服装店店长?

第五章 建立规范的店铺运作体系

【学习目标】

知识点：

1．熟悉不同的店铺组织结构。

2．熟悉岗位说明书编写方法。

3．掌握店铺运行机制和方法。

能力点：

1．能根据需要设计店铺组织结构。

2．能够确定组织各部门的职责。

3．能建立有效的店铺管理制度。

4．能够对店铺进行日常管理。

【导入案例】

雅戈尔“5S[1]”标准化店铺管理标杆店经验全面推广

雅戈尔服装控股公司5S终端形象与店铺管理标准化项目将走向全国，宁波品牌旗舰店的实践经历是最好的案例。

公司挑选浙江大区的宁波中心店为指定示范点，从2012年9月开始，经过店铺业务、商品文宣、VIP推行及营销活动策划、销售目标管理、毛利分析、单店损益等基础性调研，针对相关内容，从团队凝聚力、店铺文化及服务意识等方面对宁波中心店进行了培训指导。

“我们在卖什么？”“卖给顾客一个甜美的回忆。”晨会上，每天都能听到这样的问答。这个环节在5S店铺管理制度中可能微不足道，却能见微知著，体现出大格调。店长董春燕的体会是：再简单的工作环节只要做到实处就会有益处。

2013年3月的中期巡店算是一次官方考核，该店获得了好评。但每一天他们都要接受来自顾客的考核，顾客的反馈决定了店铺的最终得分，短期内反映出业绩，长远则是品牌的美誉度等无形价值。

[1] 5S为整理（SEIRI）、整顿（SEITON）、清扫（SEISO）、清洁（SETKETSU）、素养（SHITSUKE）五个项目，简称5S。

汤潇潇是该店的一位FA（导购员），她的体会更加直观。去年年底她接待了一位要求退换皮衣的顾客，由于她耐心倾听，站在顾客立场解决了问题，并且还将衣服快递给了在外出差的顾客，最后获得了一位忠实顾客。这次经历让汤潇潇对自己的能力更有信心，对提升销售有了更高的期待。在她看来，5S不只是提升了营销技巧、改变了店铺购物环境，提高了库存运转效率，这些转变还促进了整个店铺服务质量的提升。

宁波旗舰店逐步完成了店铺作业流程的梳理与规范、店铺FA（导购员）形象与礼仪培训辅导、团队凝聚力、店铺文化、店铺前场与后场的5S现场定位与操作等工作。公司已将其过程、经验等形成了制度规范。其中，“5S管理两步走”的做法有很强的适用性，一是制订规划，根据运营手册开展培训，同时建立各项制度，二是由专业人员来进行服务礼仪培训和终端培训。

在2013年7月底雅戈尔年中营销工作会议上，宁波中心专卖店店长董春艳做了“无情的管理，有情的店长”的发言汇报。下一阶段，浙江大区与培训部将一起总结宁波店的经验，梳理形成公司网点运营的规范制度、业务流程、岗位描述等系列化的实施素材，为店铺管理尤其是大店的标准化管理模式打造试验和推广的平台，供雅戈尔服装控股公司作为标准案例辐射到全国十大区域的2000多个网点。重点强化完善终端的现场管理和服务的标准化管理，实现雅戈尔销售终端软硬件水平的同步提升，进一步完善雅戈尔品牌的整体形象。

（资料来源：根据雅戈尔官网新闻编写）

第一节　建立合理的店铺组织结构

组织结构是组织全体成员为实现组织目标，在管理工作中进行分工协作，在职务范围、责任、权利方面所形成的结构体系。科学有效的组织结构是确保店铺管理效率的基础，也是店铺实现短期经营目标和长期战略目标的制度平台。

一、组织结构的分类

组织结构一般分为职能结构、层次结构、部门结构、职权结构四种结构。

（一）职能结构

职能结构是指实现组织目标所需的各项业务工作以及比例和关系。考核范围包括职能交叉（重叠）、职能冗余、职能缺失、职能割裂（或衔接不足）、职能分散、职能分工过细、职能错位、职能弱化等方面。

（二）层次结构

层次结构是指管理层次的构成及管理者所管理的人数（纵向结构）。其考核范围包括管理人员分管职能的相似性、管理幅度、授权范围、决策复杂性、指导与控制的工作量、下属专业分工的相近性等。

（三）部门结构

部门结构是指各管理部门的构成（横向结构）。其考核范围主要是一些关键部门是否缺失或需要优化。

（四）职权结构

职权结构是指各层次、各部门在权力和责任方面的分工及相互关系。主要考虑部门、岗位之间的权责关系是否对等。

二、服装店铺组织体系的设计原则

（一）围绕目标任务原则

目标任务是指店铺为了保证完成经营任务、实现经营指标，把每一位员工的力量集中起来组成一个整体，并使每位成员各自明确自己的任务，从而围绕店铺的总目标开展工作。因此，每一个组织和这个组织的每一部分都与特定的任务、目标有关，否则就失去了存在的价值。

（二）机构层次适度原则

服装店铺规模大小不同，各个店铺在职务层次、岗位数量、店员人数上均会有所不同，因此组织阶层的编排及各部门的职务也应随之不同。要在服从店铺经营的前提下，力求减少管理层次，精简管理机构和管理人员，更好地为产品销售服务。

（三）人员责权统一原则

明确组织结构内各个职能人员的责任及权限，做到责权分明、责权统一。

（四）合理人才配置原则

服装店铺经营需要设置哪些职位，首先需要明确其职位的功能、职权，然后应对职位进行编制，若职位设置目的不清楚，易造成用人不当和人力资源的浪费。另外，在编排人员的时候，要按照在职人员的职务、经验、能力，量才而用，不可量人而用，更不可因人而设岗，应根据组织的实际需求合理配置人员。

（五）符合商品特性原则

服装产品作为时尚、流行产品，其时间性、季节性非常强。因此，在建立店铺组织体系时，应当强调部门、岗位设立的合理性，相互协作的速度以及对市场信息的反馈速度。

三、服装店铺的一般组织结构

（一）人事结构

从人事关系上看，服装店铺的一般组织结构包括服装店铺店长、副店长、收银员、仓管员、导购员等，如图5-1所示。

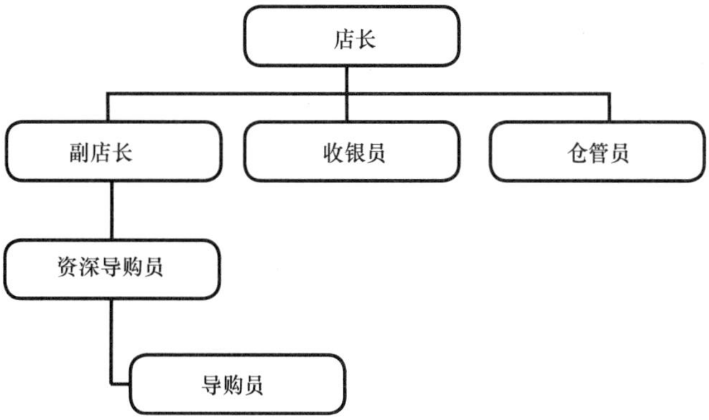

图5-1　人事结构图

（二）店务结构

从工作内容和分工上看，服装店铺主要由服务组、仓管组、陈列组和收银组组成，如图5-2所示。

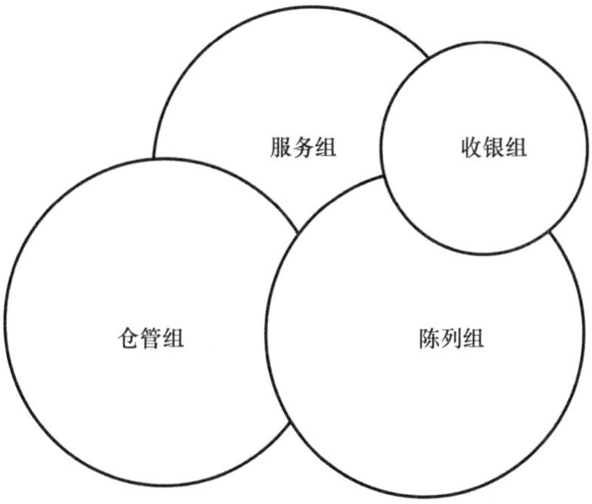

图5-2　店务结构图

第二节　明确各岗位的职责

确定服装店铺组织结构后，就需要明确各组织岗位的职责，进行岗位分析。岗位分析是对各类岗位性质、任务、职责、劳动条件和环境以及员工承担本岗位任务应具备的资格条件所进行的系统分析与研究，并由此制订岗位规范、工作说明等人力资源管理文件。

一、岗位分析要解决的6个重要问题

岗位分析主要是为了解决以下6个重要问题。

（1）工作内容是什么（what）？

（2）由谁来完成（who）？

（3）什么时候完成工作（when）？

（4）在哪里完成（where）？

（5）怎样完成此项工作（how）？

（6）为什么要完成此项工作（why）？

二、岗位说明书

岗位分析后形成岗位说明书，岗位说明书是表明企业期望员工做什么、员工应该做什么、应该怎么做和在什么样的情况下履行职责的总汇。它主要包括8项具体内容，包括职务基本信息、职务目的、管理权限、工作关系、责任范围与影响程度、工作业绩衡量标准、任职的基本要求和高绩效的要求、薪资收入标准与变化的条件与要求。在编制岗位说明书时，要使用浅显易懂的文字，内容越具体越好，避免形式化、书面化，如表5-1所示。

表5-1　服装店长岗位说明书

岗位名称	店长
所在部门	直营部
直接上级	区域主管
直接下级	副店长、导购员
本岗位关键职责描述： 带领全体店员完成公司每月设定的销售目标及进行终端形象的推广与传播，以建立良好的市场口碑	
职责与工作任务：	

续表

职责一	职责表述：负责店内综合管理		
	工作任务	统筹制订每月销售计划与任务分配	频次：1次/每月
		协助落实产品促销计划，并进行效果追踪	频次：日常
		洞察周边环境，带领所属人员及时调整销售策略	频次：日常
		协调店内人员，合理安排分工，培养有潜力的店员	频次：定期
		定期向上级提交店铺销售报告及客户状况分析报告	频次：定期
职责二	职责表述：负责业务监督		
	工作任务	负责店员日常考勤监督	频次：日常
		负责对店员着装、士气与精神面貌进行检查	频次：日常
		负责对店员服务规范进行监督	频次：日常
		负责监督店员任务的完成情况	频次：日常
		负责店铺形象的日常维护和管理	频次：日常
职责三	职责表述：负责店铺的现场管理和对店员进行业务指导		
	工作任务	负责店铺每日、每周、每月销售计划的制订，并分解到班组、个人及时段并督导店员的完成情况	频次：日常
		负责店铺促销活动的推广与执行，活动结束后组织店员对照以往情况进行总结与分析，并及时提醒、鼓励店员	频次：日常
		负责严格执行公司产品陈列要求，每季新品上市时，指导店员完成日常货品区域的布置与陈列	频次：日常
		负责每天盘点库存情况，与店员沟通，对畅、滞销款及时提出补货与促销措施，确保店内商品库存合理	频次：日常
		负责不断研习提高店铺销售业绩的方法并带领或引导店员勇于实践	频次：日常
		负责每天向公司传送销售日报，并与店员一起进行总结分析	频次：日常
职责四	职责表述：负责顾客关系管理		
	工作任务	建立顾客资源档案（含非 VIP 顾客）	频次：日常
		与顾客保持短信或电话联系	频次：日常
		在顾客生日或重大节假日时进行问候并传递相关货品信息	频次：日常
		每季新品上市或有新款推出时，及时通知顾客	频次：日常
		同 VIP 顾客建立互动平台，并不断反馈顾客心声	频次：日常
职责五	职责表述：负责团队管理		
	工作任务	对店员日常考勤、考核做到严格公正，并以此激励店员	频次：日常
		编排店员轮休安排计划，并做好早晚班工作交接与协调	频次：日常
		激励店员与提升卖场士气，保持良好的工作激情	频次：日常
工作协作关系：			
内部协调关系	上级领导、副店长、店员		
外部协调关系	顾客		
任职资格：			
学历要求	大专以上学历		

续表

专业要求	市场销售相关专业
技能要求	能熟练操作办公软件
知识要求	对市场营销学有基本的了解和认知；有一定的企业管理知识和财务管理知识；受过管理技能开发、市场营销、专卖店管理、店长管理等方面的培训
工作经验	3 年以上服装销售工作经验，1 年以上本岗位工作经验

第三节　建立科学的店铺运行制度和方法

一、服装店铺人事安排

店员是服装销售企业宝贵的财富之一，要进行规范有效的店铺管理，首先要做好店铺人事安排工作，常见的服装店铺人事安排主要有店员入职、店员排班、店员离职等。

（一）店员入职

（1）由人事部通知新店员的到职日期与时间。

（2）安排资深店员带领该新店员展开工作。

（3）新入职店员填写《员工入职表》，核实入职店员信息，并确定试用期。

（4）试用期结束后，根据《实习店员评估表》（表5-2）确定该店员是否可以入职，并将入职资料交人事部。

表5-2　实习店员评估表

姓名			实习期		
内容＼得分	5分（满意）	4分（中上）	3分（中）	2分（中下）	1分（不满意）
准时上班					
上班纪律					
服从管理					
团队意识					
服务意识					
工作态度					
业务素质					
反应能力					
表达能力					

续表

<table>
<tr><td>姓名</td><td colspan="2"></td><td>实习期</td><td colspan="2"></td></tr>
<tr><td>内容＼得分</td><td>5分（满意）</td><td>4分（中上）</td><td>3分（中）</td><td>2分（中下）</td><td>1分（不满意）</td></tr>
<tr><td>综合素质</td><td></td><td></td><td></td><td></td><td></td></tr>
<tr><td>综合得分</td><td></td><td colspan="4">备注：总分低于35分不得继续留用。</td></tr>
<tr><td colspan="6">综合评定：</td></tr>
<tr><td>建议：</td><td>□正式录用</td><td colspan="2">□沟通存在问题，观察留用</td><td colspan="2">□劝辞</td></tr>
<tr><td colspan="6">店长：　　　　日期：</td></tr>
<tr><td colspan="6">（评分标准）
准时上班：准时上班，不迟到、早退。
上班纪律：站姿标准，工作时精神状态饱满，不做其他与工作无关事项。
服从管理：服从店长分配的工作，能独立完成交给工作。
团队意识：在工作中愿意并能与他人一起和谐、愉快地工作。
服务意识：能够站在顾客角度考虑问题，并满足其需要。
工作态度：工作认真负责，主动性较高。
业务素质：熟悉服装卖场操作流程，熟悉服装商品和陈列技巧等。
反应能力：对卖场出现的相应问题能迅速领会，并做出及时回应。
表达能力：普通话标准、吐字清晰，表达准确、沟通能力较强。乐于表达自己积极的想法，有亲和力。
综合素质：诚实可信、身体健康、个性开朗、心态端正、积极热情、服从管理、有敬业精神、能接受新事物。</td></tr>
</table>

（二）店员排班

1. 排班需考虑的综合因素

（1）所在店铺的总人数。

（2）新旧店员的比例。

（3）每位店员的工作能力。

（4）每天营业额最高的时段。

（5）营业的时间。

（6）有否大型推广活动。

（7）除周六、周日外，是否有其他节假日。

（8）店员是否有特别申请。

2. 排班需考虑的人员因素

（1）新老店员、有能力差异的店员比例要合理。

（2）资深店员要与所带新店员同班。

（3）不要把太相熟的店员安排在一个班次。

（4）人员安排要与繁忙时间匹配，有必要的话可安排特别班次。

（5）周末、节假日一般不可安排休息。

（6）每天安排休息的人数=总人数÷每周工作天数。

（三）店员离职

1. 试用期离职

试用期店员辞职需提前7天递交书面辞职申请，填写《店员离职申请表》，一般由店长批准即可。

2. 正式店员辞职

正式店员辞职一般需提前30天递交书面辞职申请，填写《店员离职申请表》，由店长审核，审核后交营销部或人事部批准后方可离职。

3. 违纪、违规离职

违纪、违规离职，除相应的处分或处罚外，店员需写《辞职/解雇通知书》，店长审核后，经部门经理批准后方可离职。

二、建立顾客管理制度

（一）建立顾客档案

建立顾客档案是店长的一项重要工作，通过顾客档案可直接了解顾客的基本信息，建立长效的联系机制，让老顾客及时了解商品促销信息，获得新商品资讯，这是店铺与顾客建立感情联系的重要方式。

顾客档案（表5-3）内容一般包括顾客的姓名、性别、联系方式、工作单位、收入等，当顾客资料发生变化时，要及时修正顾客档案信息，以确保店铺顾客档案的真实性、准确性。

表5-3 顾客档案样表

卡号			
姓名		性别	○男 ○女
出生年月		联系方式	
邮编		E-mail	
收入（/月）		工作单位	

续表

身份证号			家庭住址			
喜欢风格						
喜欢颜色						
喜欢品牌	品牌 1　品牌 2　品牌 3　品牌 4					
购物情况	日期	款号	颜色	尺码	金额	折扣	货品类别

（二）顾客档案管理

顾客档案管理的内容包括顾客基本资料、购买的产品、消费水平及与店铺的交易状况，结合其消费能力、消费状况、消费金额、顾客喜好等一系列相关资料，进行分析、归类、整理、评价。常见的顾客档案管理法为ABC分类管理法。

1. *ABC顾客分类*

顾客是给店铺带来利润的重要资源，从这个意义来说，要积极创造顾客满意，达到留住顾客的目的。为了了解顾客为店铺带来的利润情况，就有必要进行顾客分级管理。根据顾客资料卡所搜集的顾客购买情况，我们将顾客按其在一定时期内为企业带来的利润分为A、B、C三级。

（1）A级顾客一般是老顾客，是为店铺带来丰厚利润的顾客，对企业的生存和发展具有极为重要的作用，一般称为VIP顾客，即非常重要的顾客。对这类顾客，要特别注意与他们加强联系，不仅要做好VIP顾客登记工作（表5-4），更要通过电话、短信等形式向他们传递新品信息、促销信息等（表5-5）。

（2）B级顾客一般是回头客，数量较多，对店铺日常的生存和发展起着重要作用，对这类顾客要进行分析和密切地关注。要采取措施促使其中那些有条件的顾客逐渐发展成为A级顾客。

（3）C级顾客一般是进店顾客，对服装店铺的利润影响不大。对C级顾客，我们只要求进行一般的顾客满意管理，即当这类顾客前来购物时，要让他们对导购员提供的服务感到满意。

2. *不同顾客跟进*

（1）A级顾客，由店长亲自管理。要定期打电话问候，了解他们对所购买商品的意见，解决他们提出的问题。每个月给他们寄一份营销目录，目录中有店铺目前销售的商品，特别是新产品的资料和图片。在一些特定的节日和顾客生日时，还要给他们寄贺卡表示问候。

（2）B级顾客，每月定期给他们寄一份营销目录或通过短信方式联系，同时附上一份调查表，请他们对商品和店铺的服务提出宝贵的意见。

（3）C级顾客，定期通过短信方式联系，并对顾客进行品牌理念的灌输、交流、引导，使其成为店铺的忠实顾客或半忠实顾客。

表5-4 VIP顾客资料登记表

店铺 VIP 顾客资料登记表

VIP 卡号：__________ 档案号：__________

（请用规范汉字填写下列资料，对符合您要求的项目在□内打“√”）

〔个人资料〕

中文姓名：____________________ 性别： □男 □女

身份证号码：__________________

〔联系资料〕

请将商品资料寄往：______________

□住宅地址 □单位地址

城 市：________省 份：________邮编：________

联系电话：__________ 传 真：__________

手 机：__________ 电子信箱：__________

〔个性资料〕

教育程度

□高中以下 □高中 □大专 □本科 □硕士 □博士及以上

从事行业

□专业人士（如医生、教师、律师等） □干部 / 政府公务员 □文化、传媒、广告人士

□企业经营家 □自由职业

□公司职员（□一般职员 □中级职员 □高级职员）

□学生 □其他__________

年收入情况

□ 1 万 ~ 2 万 □ 2.1 万 ~ 4 万 □ 4.1 万 ~ 6 万 □ 6.1 万 ~ 10 万 □ 10 万以上

喜好侧重

□价格 □款式 □颜色 □质地 □品牌

顾客身高

□ 1.58m 以下 □ 1.59 ~ 1.65m □ 1.66 ~ 1.72m □ 1.72m 以上

是否愿意参加 VIP 顾客特别活动（如送打折券等）

□愿意 □不愿意 □不一定

店 名：__________ 签 名：__________

经办人：__________ 填表日期：__________

表5-5 店铺VIP顾客电话记录表

日期	顾客姓名	卡号	联系电话	通话时间	通话内容（特征、爱好、习惯、生日祝福等）

三、建立店铺财务管理制度

（一）收银管理

1. **票据管理**

熟悉运用各种票据的正确方法，并按规定认真填写开具有关票证，妥善保管好各种票据，不得遗失缺损。

2. **货币现金管理**

熟练收银业务，提高工作效率，认真核算、核对每一笔营业款项；收银员应具有鉴别钱币真伪的能力，做到收银准确、高效。若出现收到假币的情况，应由领班承担责任，承担方式为从工资直接扣除假币金额。对当日收取的营业现金应在当日下班前上缴，并做好收讫记录。

（二）销售款管理

（1）店铺的销售款必须由收银员收取，其他人员一律不得收取。

（2）禁止店铺任何人动用销售款。

（3）对于已提货未付款的情况，需在销售单上注明。

（三）差旅费开支管理

（1）店员到本市范围以外地区执行公务可享受差旅费补贴。

（2）店员出差时，根据需要，由店长决定选用的交通工具类型。

（3）店员出差期间，补贴主要包括住宿费补贴、餐饮费补贴和交通费补贴。

（4）实际报销金额一般不能超出补贴标准，如果超出，需报告店长并说明原因。

（四）退货管理

（1）发生销售退货时，必须由原路径退回。

（2）正常销售中顾客退货发生时，收银员须开具销售退货单，并在退货单上注明货款是否退回及退回方式，并及时做账。

思考讨论

1．针对不同区域和不同规模的服装店铺，如何建立起全方位的、规范的店铺运作体系？

2．如何加强顾客档案管理，实施ABC三级分类管理？

第六章　提高员工士气

【学习目标】

知识点：

1．了解团队激励的重要性。

2．掌握激励的原则。

3．了解激励沟通的技巧。

4．掌握绩效管理的概念与流程。

能力点：

1．能制订有效的考核指标，对店员进行科学的绩效管理。

2．运用激励的方法与手段提高店员的工作热情。

3．能做好绩效面谈时的沟通。

4．能对绩效考核的结果进行有效分析。

【导入案例】

某公司的“荣誉”计划

某公司在过去几年中设立了一个专门的“荣誉”计划。公司的任何一名员工或顾客都可以填写并投出一张选票，注明他们认为值得表扬的某个人。选票最终由两名经理负责做出公正的统计，然后将其结果公告给所有员工。被推选出的优秀员工将获得一定金额的奖励。如果一名员工在一年中多次胜出，那么他将有资格获得公司每年度设立的一项最高金额的奖励。

第一节　科学实施绩效管理

一、制订有效的考核标准

制订有效的考核标准是绩效管理的起点，也是绩效管理中最为重要的环节之一，应由管理者和员工共同讨论确定员工考核期内应该完成的工作内容和绩效。

（一）考核指标的来源

绩效管理的内容是通过考核指标来表现的。首先应明确店铺有效运行中需要哪些支持要素，然后运用合适的方法从这些支持要素中提取考核指标就可以了。一般来说，企业有效运行需要战略有效目标、流程有效运转、职位职责有效履行、存在问题及时有效解决四个方面的支撑。

战略方面的指标关注的是店铺当期的营业业绩，而且要关注长远竞争能力的培养；流程方面的指标不仅要关注静态有效履行其职责的状态，还要看各部门之间的合作是否有效；职位方面不仅要考核结果指标，而且还要关注行为、态度和能力指标；问题解决方面主要关注解决问题的效率。

（二）如何提取考核指标

知道了考核指标的来源，我们就要思考如何从以上四个来源中提取考核指标，目前实践中已经有很多成熟的方法。

1. 从战略中提取考核指标

（1）关键业绩指标法（KPI法）。这种方法首先要确定战略并对战略进行分析，找出战略成功的关键因素，为培养这些关键因素，企业需要关注哪些工作，然后把这些定性描述的工作转化为具体的、定量的指标分配到各职位中去。具体过程如图6-1所示。

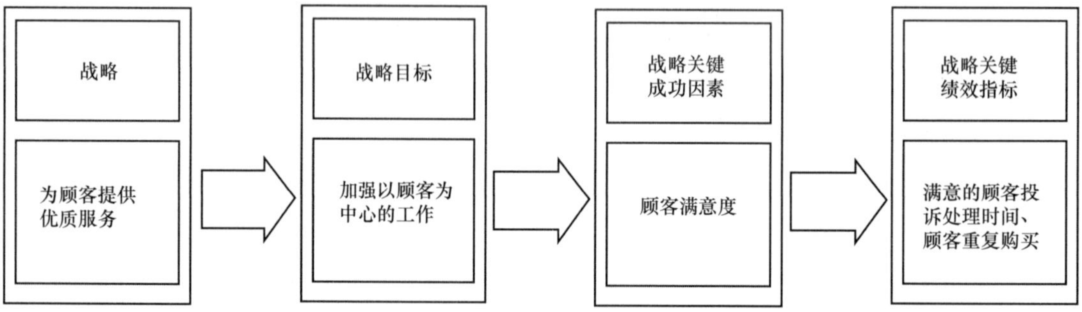

图6-1 运用KPI法从战略中提取考核指标

（2）目标分解树法。这种方法更常用于量化指标的提取，其基本逻辑是从企业的战略出发，层层分解到区域或者部门，再分解到店铺和个人职位中去，具体过程如图6-2所示。

2. 从流程中提取考核指标

从战略中提取考核指标提供的是一种纵向的考核思路，而从流程中提取考核指标则提

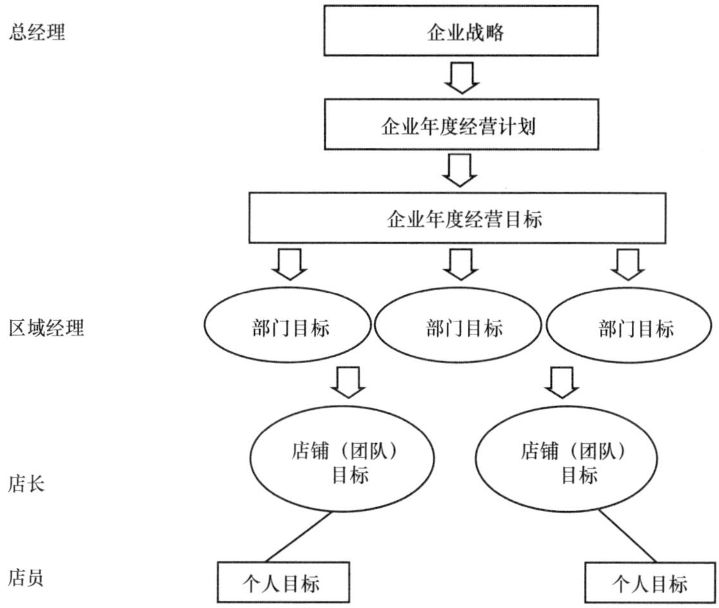

图6-2　运用目标分解树法从战略中提取考核指标

供了一种横向的考核思路。店内的所有任务都由整个流程中的各个环节完成，各环节不仅要做好本职工作，而且还要协调和传递本环节与其他相关环节的任务。因此从流程提取考核指标时，店长要关注两类指标，一是各职位在整个流程中应该承担的职责，二是流程中各环节之间的连接点。对第一类指标，只要了解职位的职责说明书就能提取，而对第二类有关流程连接点的指标，则要注意两个方面。一是任务传递指标，即对连结两个任务起主要作用的绩效指标，简单地说就是任务与任务之间的转接合格率；二是任务协调指标，即促进相关部门在关键问题上进行沟通和协调的指标。

3. 从职位中提取考核指标

从职位中提取考核指标，不仅包含店员完成岗位职责情况的考核指标，而且还包含对店员的态度、行为、能力进行考核的指标。这两方面的要求分别对应职位说明书中的工作描述和工作规范这两块内容，为基于职位的考核提供了指标来源，具体思路如图6-3所示。

4. 从问题解决中提取考核指标

任何店铺在任何时候都会存在这样或那样的问题，如果这些问题不能及时解决，久而久之就会影响店铺的正常运作。因此，为了引起店员对问题的关注并努力地解决它，店长可以把问题解决作为考核的一项内容。

从问题解决中提取考核指标时，一般要把握两个基本问题，一是什么样的绩效是好绩效，怎样才能实现这个绩效？回答这个问题实际上就是一个确立标准和提出要求的过程；

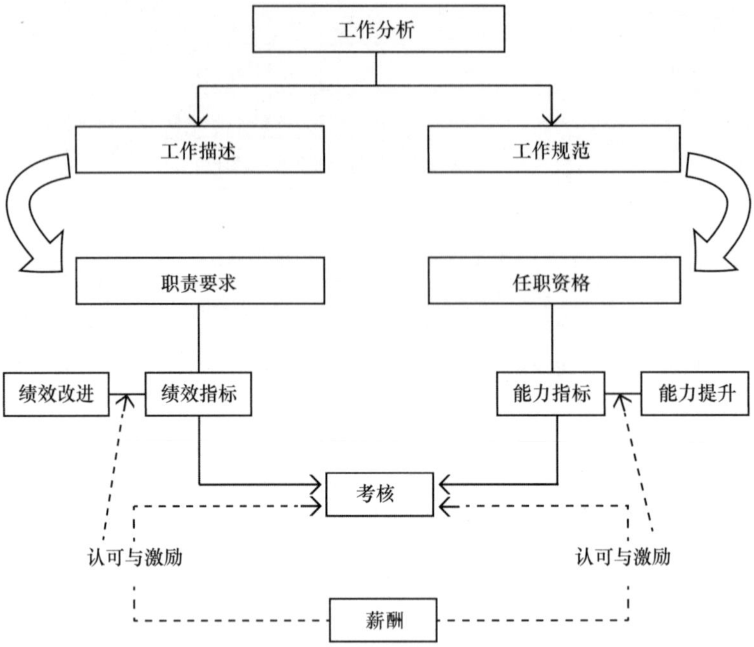

图6-3　从职位中提取考核指标

二是关注现实和标准的差距，即在哪些地方没有做好，出了问题影响绩效，下一步如何改进。由此可见，从解决问题中提取考核指标实际上是确认目前存在的绩效问题并提出下一步改进方向，然后把需要做的改进作为考核指标纳入下一轮的考核范围内。

需要指出的是，从问题解决角度提取的考核指标是不具有持续性或者不作定期要求的。只有店铺出现不良绩效问题，而且企业本身能够解决时才需要提取问题解决的考核指标。

（三）考核对象的分类

不同的职位类别，其工作内容也不完全一样，因此不同的考核对象，其考核的内容与重点也是不同的。所以为了方便管理和提高考核的针对性，有必要根据考核对象进行分层、分类的考核。

（四）指标权重的设定

考核对象不仅决定了考核内容，而且还决定了各考核指标的重要程度。实际上，可以按照全面绩效的定义将各岗位的考核指标分为三类：业绩指标、能力指标、态度和行为指标。考核对象不同，这三类指标的重要程度也不同。因此要对每一个指标设定权重，以反映其重要程度。在设定指标权重时，主要考虑两个影响因素：考核目的和考核对象。尽管指标权重的设定由具体的考核目的和考核对象决定，但是也可以总结出一些通用的经验和技巧。

（1）指标总数控制在5～10个之间，如果太多会分散员工的注意力。

（2）每个指标的权重一般不超过30%，过高的权重易导致员工“抓大头放小头”，且过高的权重会使考核风险过于集中，如果不能完成该项指标将影响全年奖金。

（3）每个指标权重不低于5%。

（4）权重一般取5的整数倍，以方便计算。

二、做好绩效管理的沟通工作

制订好了有效的考核指标，意味着绩效管理成功了50%，接下来还需要做好绩效管理的沟通工作，该阶段在整个绩效管理中耗时最长，是连接绩效计划和绩效评价的重要中间环节。同时，该阶段也是展现管理者管理水平与艺术的主要环节，这个过程的好坏直接影响着绩效管理的成败。

（一）绩效管理沟通的任务

1. 店长向店员提供辅导和帮助

虽然店长和店员共同制订了绩效计划，但是不等于绩效计划就会沿着双方期望的方向和进度进行。市场的复杂多变和竞争迫使公司不断进行改变，工作内容、方式、重要性和工作环境都在不断变化，问题随时都可能出现，这给绩效目标的实现带来了新的要求和挑战。这时就需要店长向店员提供技术上的辅导和资源上的帮助。

2. 店长要跟踪检查店员的计划实施情况

店长跟踪店员的计划实施情况，确保店员的行为与目标的一致性，并根据实际情况的变化对目标计划进行及时调整。

有时候，由于各种因素的影响，会使店员的行为与最初的目标相背离。如在某一考核期内，店铺的主要目标是提高顾客的满意度，但是由于市场需求的突然增长，店员为了增加销售额而对顾客提出的投诉敷衍了事。这在短时期内可以为企业赢得更多的利润，但却不利于企业的长远发展，而企业当初把顾客满意度作为考核指标就是要提升企业的长远竞争力。很明显，店员的努力与当初设定的目标出现了偏差，这就需要店长及时与店员沟通，指出问题所在，并纠正他们的行动，以确保行动与目标的一致性。

3. 店长收集记录店员的绩效数据

店长要观察、记录店员的行为和关键事件的结果，从而收集绩效数据。对店员绩效的评定必须建立在客观事实的基础上，那么这个客观事实从哪里来呢？沟通就承担了收集、记录反映员工绩效行为的关键任务。这些可以成为店长在绩效面谈中与店员进行沟通时的素材，从而提高店员对绩效评价结果的认可。

（二）管理沟通的主要方法

1. 正式的书面报告

书面报告是比较常用的一种正式沟通方式，指员工通过文字形式向主管报告工作进展、反映发现的问题的一种沟通方式。书面报告的形式比较适用于店长与店员不在同一工作地点的情况，而且随着办公自动化的实现，店员可以以电子邮件的形式传送报告，非常便捷；另外书面报告提供了文本化的文件，在一定程度上节省了额外的文字书写和整理工作。

但是由于书面报告缺乏直接沟通，获得的信息非常有限，而且可能会出现虚假信息，不利于店长及时把握目标计划的进展和可能出现在的问题。此外，这种方式也在某种程度上增加了店员的工作负担，很容易引起店员的厌烦，从而流于形式。

2. **一对一的会谈**

店长与店员定期就工作的进展情况以及出现的问题进行一对一会谈。这种方法避免了书面报告的僵化，可以通过沟通得到更多准确的信息，但是这无疑增加了店长的负担，而且对店长的沟通技能也提出了很高的要求，一旦沟通失败，不但不能获得有效的信息，反而可能引起店员的反感和不满。

3. **定期的例会**

定期的例会是一对多的会谈。这样既可以避免一对一会谈浪费时间的缺点，也可以增进店长与店员之间的相互了解。所有的小组成员定期参加会议，能够使他们相互掌握彼此的工作进展情况。

事实上，店长与店员之间的沟通并非都是事先计划好的，大多是通过非正式的会议、闲聊等方式进行的。非正式的沟通方式最大的特点是灵活和及时，不受时间与地点的限制，而且有助于增进店长与店员之间的相互了解和感情。

（三）收集、记录绩效信息的方法

客观、公正的绩效考核必须以大量的事实为基础，这就决定了收集、记录绩效信息是一项重要而繁琐的工作。

1. **收集哪些信息**

（1）有关店员绩效计划进展的数据，如销售额等。

（2）店员在工作中表现出来的、能反映其工作态度、能力的关键事件，如成功地处理了突发的顾客投诉等。

（3）工作中出现的明显失误。

2. **从哪里收集**

信息的来源很多，实际上所有可能与店员有工作关系的人都可以为绩效考核提供有价值的信息。一般说来，可从以下几个来源收集信息。

（1）顾客。

（2）店长。

（3）店员本人。

（4）其他店员。

3. 如何记录信息

对信息进行记录可以使稍后的绩效考核有案可查，通常要对以下几类信息进行记录并形成文档。

（1）目标或计划的进展情况。

（2）店员因工作或其他行为受到的表扬和批评。

（3）证明店员绩效好坏的关键、客观事实。

（4）工作中发生的突发事件。

（5）有助于店员发现绩效问题的信息。

（6）同店员就绩效问题进行谈话的记录。

三、对绩效信息进行有效分析

1. 从考核者角度分析

考核者的安排主要是解决谁来考核的问题。由于考核的敏感性，考核者的安排一直受到人们的关注，一般来说有这样几种安排方案。

（1）店长。

（2）其他店员。

（3）店员本人。

（4）顾客。

（5）专门的考核委员会。

2. 从考核时间上分析

考核一般分为例行性和非例行性两种，前者包括月度考核、季度考核、年度考核，此外管理能力很强的组织也可以进行每日考核；非例行性考核一般是针对特别发生的业务、项目等，按照其具体进程来安排考核的时间。

3. 绩效考核中容易出现的问题

绩效考核最终是由人来评定的，因此很难避免个人的主观性，以下为绩效考核中容易出现的一些问题。

（1）考核标准不明确：考核标准如果缺乏明确的界定，则会使考核者产生各自不同的理解，从而很难进行统一的考核量化。

（2）晕轮效应：指考核者如果特别关注某方面的绩效，那么对这方面绩效的考核就可能影响到整体绩效水平。

（3）居中趋势：进行考核时，可能出现回避最低或最高等级考核的倾向，使考核的结果趋向折中。

（4）偏松或偏紧倾向：考核者可能因为种种原因对被考核者做出偏松或偏紧的考核，产生考核误差。

（5）近期行为偏见：被考核者在知道考核周期的情况下，可能在考核快要结束的一段时间内故意做出良好的绩效行为，让考核者对近期发生的行为印象深刻。

（6）个人偏见：由于考核者个人的好恶观点、歧视意识等造成的考核不公和失真。

四、绩效评价结果的反馈

绩效的反馈是被经常忽视的一个环节，很多企业认为填完考核表、算出考核成绩，绩效考核就算结束了，而事实上绩效管理是否能提升个人和组织绩效的作用，绩效反馈环节至关重要。

（一）绩效考核结果申诉

为了提高绩效考核的公平性和店员对绩效考核结果的认可，很多企业都有正式的或非正式的绩效考核结果申诉程序。即在考核结果汇总后，店长必须将每位店员的最后综合考核结果以文件的形式通知其本人，如果店员没有异议，就在考核结果上签字。

如果店员对结果有异议，可以在规定的时间内，通常是3～5个工作日，向人力资源部提起申诉，然后企业会组织调查，如果确实存在问题则重新评价，如果没有问题需向店员解释原因，直到店员认可签字为止。

（二）绩效面谈

绩效面谈是在店员签字认可其绩效考核结果之后，店长就店员在工作中存在的问题与店员进行面谈，以共同协商解决办法，并制订绩效改进计划以及下一步的努力方向，那么究竟如何做好绩效面谈呢？

1. *了解绩效面谈的目的*

（1）使店员了解店长对其绩效的看法。一个建设性的面谈就可以满足店员希望被认可、被激励的心理需要。

（2）共同寻找、确认、分析店员存在的绩效问题。通过考核反馈沟通，店长和店员共同分析绩效不足的原因，找出双方有待改进的方面。很多时候，员工的绩效不好，管理者本身也存在需要改进的地方，分清责任，找出改进的方法，这样对于店员和店长双方都是有利的。

（3）共同制订改进计划和下一考核周期的绩效目标。双方对绩效结果和改进点达成共识以后，有助于确定下一周期的考核目标。

2. *掌握有效面谈的原则*

（1）清楚说明面谈的目的。

（2）建立并维护彼此的信任。

（3）鼓励下属说出自己的心声。

（4）注意全身心地倾听。

（5）谈话内容集中在工作和绩效上，不涉及个人隐私。

（6）将关注点聚集在未来。

（7）强调以事实为依据，不要采用道听途说的信息。

（8）避免冲突与对抗。

（9）找出双方待改进的地方，制订具体的改进措施。

（10）做好相关记录。

（三）绩效考核结果的使用

绩效考核结果的使用是最具体、最直接的反馈，对店员的影响也是最大的，只有让店员确实地感受到绩效考核结果对自己的影响，他们才能真正重视自己的绩效。一般说来，绩效考核的结果可以用在以下几个方面。

1. 用于报酬的分配和调整

这是绩效评估结果的一种非常普遍的用途。一般来说，为了增强报酬的激励作用，在店员的报酬体系中有一部分会与绩效挂钩。此外，绩效考核结果也常被用作为调整基本薪酬的依据。

2. 作为职位调整的依据

绩效不理想也可能是员工与岗位不匹配造成的，通过对店员绩效的持续分析，发现原因并及时进行职位调整，做到人适其事，事得其人。

3. 作为培训需求分析和培训效果评估的依据

能证明培训是否有效的最有力证据应该是受训店员的绩效是否有提升，如果绩效提升了，那说明培训有效，反之，则需要重新考虑培训计划。

4. 作为晋升/降职、续聘/解聘的依据

绩效考核还直接被用于重大人事决策的依据，如店员三年考核为优才有晋升资格等。

五、店长对店员有效管理的技巧

店长是终端店铺的管理者，他的任务概括来说就是完成公司制订的营业目标、实行有效的工作计划。那么如何来完成公司制订的营业目标、实行有效的工作计划，就需要对店员进行有效科学的绩效管理，在这个过程中，店长需要具有一定的管理能力，学会用“人”和“数字”来管理。

（一）用“人”来管理

简单地说，管理就是让人把你想做的事情做好。在店铺管理过程中，店长需要店员来协助工作，从而更出色地完成工作，同时激发团队成员的主人翁精神。

在此环节中，店长既要给店员权力也要明确责任，同时也要让店员充分发挥主观能动性，完成交代的任务。此外，店长还要完成监督过程，给予店员指导、训练，使他们充分发挥人的作用和潜能。

（二）用“数字”来管理

用“数字”管理是根据店铺目标分解的数字来指导和考核店铺的日常管理。店铺也可以为时间定制一定的标准。例如，标准的时间分配要求店员把60%的时间花在销售上，把28%的时间花在非销售活动上，可以有5%的休闲时间，7%的时间可以不在销售现场。对这些标准时间应当进行了解，如有任何偏离，应该采取纠正措施。店铺的管理是个综合性事务，应根据实际需求灵活采取不同的管理手段。

（三）具有良好的时间管理能力、情绪管理能力

店长的工作内容非常庞杂，所以需要良好的前提条件来保证店铺各项工作有条不紊地进行；需要有效管理自己的时间，保证工作效率；也需要有效管理自己的情绪，以积极的情绪应对工作和业绩压力，保证整个团队的良好状态和氛围。除此之外，还包括以下几点。

1. 创造令人愉悦的工作环境

为店员创造一个愉悦的工作环境，是成功管理店铺的关键所在。健康优雅的工作环境会激发店员对生活的热爱、对事业的追求，从而以百倍的精力投入到工作中去。创造愉快的工作环境，牵涉到许多细节，小至店铺本身，大至公司经营政策。对于店铺的“硬环境”，本书第七章第一节对于如何使用灯光、色彩和音乐等来营造良好的销售现场氛围有详细描述。但是，最重要的还是对基本理念的认同，即“软环境”。店员的付出要得到充分的认可和回报，分配要合情合理，要公平、公正。只有店员能感到鼓舞，感到兴奋，才能更好地为企业出力流汗。

2. 能与店员进行沟通

很多问题都源于缺乏沟通。当然，沟通也是一把“双刃剑”。店长不但需要不断改进与店员的沟通方式，还必须营造一种使店员易于与店长沟通的环境。记住，店员主动与店长交流时不如店长主动与他们交流时感到舒服。

3. 适当地抛开规则灵活处理问题

店长如果仅靠强制性命令和规则的手段来进行管理，很难形成一个良好的工作氛围。各类规范的操作流程是必须强制执行的，也要让店员知道公司对他们的期望和他们的工作如何被评量。让店员对店铺中的规则做出全面的批评是一个不错的主意。由此一来，店长马上就可以知道人们对哪些规则反映不佳了。

4. 赋予店员行事权

授权恐怕是商界用得最多的词汇，但也是人们了解得最不透彻的一个概念。它的意思确实非常简单：给员工工具以及做出决定的权力。理想的工作环境要能够授权给店员，免除不必要的监督。当然，授权的风险就是店员可能会犯错误，给企业带来短期的损失。

5. 给予店员尊重

尊重是良好管理的基础之一。同时，尊重也是相互的。没有在公共场合让店员难堪之

后还能得到好结果的店长。

6. 学会倾听店员的想法

倾听本身是远远不够的，店长要让店员切实感受到你真的在以一种倾听的方式去倾听。这里有一些基本要点：关注、了解他们的想法，对他们的想法做出回应，感谢他们的想法，让店员存有希望。

六、科学的绩效管理降低店员的流失

一个稳定的服装销售团队是服装店不断前进的重要保障，但是如果店员尤其是核心员工大量流失，不仅可能造成顾客资源流失，人心浮动，而且还可能造成店内核心机密的流失，因此服装店应确保店员的相对稳定，采取一定措施降低店员的流失。

1. 严把进人关

在招聘店员时会经常发现许多人在短期内频频跳槽，而询问原因时，往往不能自圆其说，这说明他们难以对企业建立忠诚，缺乏对自己职业生涯的规划，企业稍微不能满足他们的要求，就可能成为他们离职的原因，所以对于此类应聘者，建议不予录取。

2. 明确用人标准

服装店在招聘店员时，一定要结合店内的用人需要，不可以偏离实际，盲目地提高用人标准。因为服装店招聘相应的职位，只会给予与这些岗位相应的待遇和级别，而这些人到岗后，如果发现实际情况与自己想象的不一致，就会感到上当受骗，从而一走了之。

3. 端正用人态度

现在许多服装店为了招揽人才，往往会在一开始承诺高薪待遇，等人到岗后再慢慢降低待遇或承诺的东西不予兑现。许多服装店店长往往把这视为自己用人的高招，但是这样往往潜伏着巨大的风险，因为一旦识破服装店的真实意图，往往会出现大批的人员流失。

4. 放弃投机心理

许多服装店会出现明显的淡旺季，服装店店长的做法是旺季时大量招兵买马，到了淡季就大量裁员，认为反正应聘者多得是，到时候还怕找不到人员吗？岂不知，这样做给自己埋下了后患。

5. 分析店员需求，并尽可能给予满足

作为管理者，店长一定要经常对店员的需求进行分析，只要店员的需求合情合理没有违法违纪、违背企业宗旨和精神，原则上就尽可能地去满足。应该讲，服装店只要能够满足店员的需求，店员是很少会离职的。

6. 帮助店员做职业生涯规划和建立人才培养机制

其实许多服装店铺的店员对自己的职业发展和前途常常感到非常迷茫，不知自己的明天该如何去规划，方向在哪里。于是他们就会产生对其他企业的向往，从而萌生去意。

如果店长能够帮助店员做好职业生涯规划，使店员知道自己的优势在哪里，企业会给他们提供什么样的发展空间，个人该如何通过努力实现自己的人生抱负，然后结合每个人的特点去培养他们，店员就会找到自己的定位和明确的努力方向。

7. 待遇留人

对于服装店铺的店员来讲，待遇是一种很现实的东西，不要幻想既让店员卖命干活，又不提供合理待遇的情况。

不过也不能为了留住店员，向店员提供高于行业标准太多的待遇，服装店铺在制订店员的薪水福利时，一定要结合店内的情况。如果自己的薪酬福利没有竞争力，就会出现高素质、高能力的店员不仅留不住而且高素质、高能力的人才又引不进的情况，从而使店内的人力结构无法得到提升，无法跟上行业发展的步伐。

8. 感情留人

从某种程度来讲，店员的成长和进步也就意味着服装店铺的成长和进步。要想留住好的店员，除了待遇之外，他们更看重自我价值的实现和在店长或老板心目中的地位。店长不仅要在工作中要多指导店员，给店员提供学习和培训的机会，使店员在服装店铺真正得到锤炼和成长。另外，还要多关心店员的生活、困难、生日等，用自己的关怀、笑容和魅力感染店员，创造出一个良好的工作环境。让员工感受到家一般的温暖。

9. 不要在企业亏损时拿店员待遇说事

在经营过程中服装店铺难免会出现经营不善的局面，当店铺出现亏损时，压缩成本、降低费用是无可厚非的。但是许多服装店亏损时，首先想到的是降低店员的待遇，结果是降低了店员待遇，节省了一定费用，不过等到服装店开始盈利时，店员也流失得差不多了。

10. 让店员成为服装店铺的主人翁

如何让店员成为服装店铺的真正主人？首先，在新店员上岗前，在向他们阐述组织愿景的同时，也阐明店员个人发展空间和职业生涯规划，使店员能够确信他们有能力在未来事业有成，从而唤起每位店员的成就感和积极性。其次，在工作中尊重他们，时刻关注他们的付出，对他们的努力和成绩进行鼓励和肯定，让店员逐渐增强信心，产生自豪感。最后，给予店员充分的信任，大胆授权，给他们创造施展才能和价值的环境。

11. 建立核心店员流失预警机制

在市场经济条件下，店员和个别核心员工的流失是非常正常的事情,但是如果一旦出现店员大量流失的情况则会给企业带来严重打击。这就需要服装店的人力资源部门设立店员流失预警机制，设定店员流失的安全系数。

12. 建立公平竞争的用人机制和环境

在许多服装店内，一些店员的离职原因往往是对店内的用人机制和环境不满，自己有能力但是得不到晋升，庸者身居高位但无人能动，帮派主义、小团队主义盛行……如果这种恶习不除，将很难使有能力的店员安心工作，他们的流失也就只是时间问题。所以服装店建立公平竞争，能者上、庸者下的用人机制和环境对于稳定有能力、有抱负的员工队伍来讲是至关重要的。

总之，服装店铺要想稳定店内的销售队伍，降低店员流失，首先要明白店员流失的责任并非全在店员本身，同时服装店店长也要进行多方位思考，用科学的绩效管理有效降低店员的非正常流失。

第二节 团队激励与沟通技巧

你可以买到一个人的时间，也可以雇一个人到固定的工作岗位，你可以买到按时或按日计算的技术操作，但你买不到热情，也买不到创造性，更买不到全身心地投入，你不得不设法争取这些。

归纳起来，员工的激励不外乎两种方法：合理的薪酬制度和科学、系统的管理体系。可是人的需求是多方面的，物质上的需求仅仅是最低层次的需求，因而薪酬的激励作用是有限的；而管理一旦制度化就会变得僵硬，用缺乏灵活性的制度来管理人就不能发挥很好的作用。所以，必须从人性出发，去探索人们行动背后真正的动力源泉，然后用激励与沟通的相关技巧巧妙地激发员工的工作热情，真正提高员工的士气。

一、有效激励的基本原则

1. 公平性

员工感到的任何不公平的待遇都会影响其工作效率和工作情绪，并且影响激励效果。服装店店长在对待店员时，一定要有一种公平的心态，不应有任何偏见和好恶，尤其是对待老店员和新店员时一定要一视同仁。虽然某些店员可能让你喜欢，有些店员可能你不太喜欢，但在工作中，一定要坚持公平性，不能有任何不公的言语和行为。取得同等成绩的店员，一定要获得同等层次的奖励；同理，犯同等错误的店员，也应受到同等层次的处罚。如果做不到这一点，店长宁可不奖励或者不处罚。

2. 因人而异

按能力和心态划分，通常员工可以分为四种类型，在采取激励措施时应因人而异。

（1）重用企业理想的杰出人才。给这些人才充分授权，赋予他们更多的责任。

（2）挽救对自己职位和前程没有明确目标的人。不断鼓励、不断鞭策，一方面肯定其能力，一方面给予具体目标和要求。

（3）特别要防止那些“怀才不遇”员工的牢骚和不满感染到企业，要与他们及时沟通。

（4）对难以融入企业文化和管理模式的员工，干脆趁早辞退。

二、团队精神的培育

团队精神的培育是一项重要的基础性工作，缺乏团队精神，必然使店员人心涣散，从整体上削弱店铺的经营活力，严重影响店铺的生存和发展。人的问题，始终是必须优先解决的问题。

（一）团队精神的功能

1. **目标导向功能**

具备团队精神，能使店内员工齐心协力，拧成一股绳，朝着一个目标努力。对一名店员来说，团队要达到的目标即是努力的方向，团队整体的目标需要分解成各个小目标在每个员工身上得到落实。

2. **凝聚功能**

任何组织群体都需要一种凝聚力，传统的管理方法是通过组织系统自上而下地传达行政指令，淡化了个人感情和社会心理等方面的需求。而团队精神则通过员工在长期实践中形成的习惯、信仰、动机、兴趣等文化心理来沟通人们的思想，引导人们产生共同的使命感、归属感和认同感，反过来逐渐强化团队精神，产生一种强大的凝聚力。

3. **激励功能**

团队精神要求员工自觉追求进步和向团队中最优秀的员工看齐。通过员工之间正常的竞争来达到激励功能，而且这种激励不是单纯停留在物质基础上，而是为了得到团队的认可，获得团队中其他成员的尊敬。

4. **控制功能**

员工的个体行为需要控制，群体行为也需要协调。团队精神所产生的控制功能，是通过团队内部所形成的一种观念的力量、氛围的影响，去约束、规范、控制员工的个体行为，这种控制不是自上而下的硬性强制，而是由控制员工的行为转向控制员工的意识。

（二）有意识地培育团队精神

一名优秀的店长能够把他（她）自身的优秀传递给每一位店员、发挥到每一项工作上去，让店员提高工作效率和工作激情，让团队提升凝聚力，让工作提升执行力。店长不只是单独指导，还要在店铺管理过程中将销售目标、考核指标和激励政策等明确化、规范化。服装店长应具备目标导向能力、凝聚力和通过有效的激励与沟通控制全局的能力，从指导店员的短期行为，转向对其价值观和长期目标的引导。所以，有意识地培养员工团队精神，使用有效的激励方式，用正确合理的方式相互沟通，形成一个富有活力的团队，对于一个店铺来说是至关重要的。

（1）要有倾向性地集合同阶层或有共同立场的同事，让他们形成团体，从而产生彼此帮助的连带感。重点是，要唤起团体中每个人的荣誉感和自觉性。如此一来，就可以让成员之间自然形成相互扶持的精神。

（2）根据店铺的目标，让店员提出自己的目标，拥有共同连带的目标，对工作会有助益。如“达成营业目标是管理者和全体员工的共同目的”的团体目标，当卖场忙碌不堪的时候，店员就会去主动支援。

（3）对团体而言，应该设定需要改善及克服的问题，并解决这些问题。

三、激发店员工作意愿的技巧

除了店铺固定的激励制度外，提高店员的工作意愿主要还是要靠店长巧妙地安排各种活动，使店员之间，店员与店长之间能相互沟通，逐渐融合成一个大家庭，从而使店员产生一种归属感。还有一种则是依靠店长独特的人格魅力，使店员们安心工作。

1. 店长为店员做出榜样

店长应拥有丰富的店铺经营经验，通过知识、技术上的出色表现来树立权威，即通过理性的号召来征服店员的心，使他们在惊叹之余，对店长多一份敬佩之情，在工作中自然就不敢懈怠了。

2. 通过店长的人格魅力来获得人心

店长应体察民情，关心店员的生活、学习，使店员感受到温暖，他们自然就会努力工作，如为店员开生日聚会，或者亲自去看望生病的店员。

3. 店长应培养店铺特有的文化

培养服装店铺特有的文化需要店长重点关注两个方面：一方面，营造出充满人文情怀的购物环境，让消费者在不知不觉中领略美、享受美，让消费者享受购物的过程。另一方面，店员训练有素，有着共同的愿景，能够提供人性化的优质服务，使消费者在不知不觉中感受品牌文化，进而体验一种全新的生活。

“共同愿景”是指组织中的人们所共同持有的意象和景象。只有员工自愿接受“共同愿景”，他们才能发挥创造力和工作热情。“共同愿景”是企业员工工作热情、创造力和凝聚力的源泉。店长应学会如何让店员参与制订有关的工作计划和策略，清晰地了解顾客需要什么样的产品和服务方式，讨论工作中存在哪些问题以及如何改进并主动为顾客提供服务。具体做法如下。

（1）给予工作权力与责任：取得工作的责任与权力，等于自己的能力受到肯定，而且有了权力后，比较容易发挥自己的能力，能自由裁决的空间也随之扩大，不仅自我尊重的欲望和实现自我的欲望得到满足，由于自己对工作具有主导性，会使自己觉得这份工作就是自己的事业，从而产生强烈的投入意愿。

（2）根据店员能力分配工作：如何有效地调节好工作本身与店员能力之间的关系？最好是充实销售这份工作的内涵，扩大其职责范围。意指不要只让店员卖东西，可以要求他们思考陈列货品的方法，在顾客购物中提供采购商品的意见，或者提出对促进销售有帮助的点子等。

（3）让店员有选择的自由：不要试图说服店员相信为顾客服务的重要性，你越是劝导，他们越反感，反而越被认为意图左右他人。此时，可采用会谈、探讨的方式让店员自由选择，认识到顾客服务的作用。

（4）透过工作，提升工作能力：人原本就有上进心，无论是工作还是游戏，都有一份提高自己能力的热忱。因此，在开展工作时，应该尽量让店员感到他的能力在逐渐提升。例如，在工作的同时能让他们学习有关商品的各种知识，或者让他出席新产品的说明会、参加销售技术的研习会，变化其所承担的工作使其能够胜任各式各样的工作等，都是很好的方法。另外，在提升其能力时，如果能让他意识到清楚的目标，了解提升能力的用意，效果会更好。

（5）让员工对工作产生兴趣：对于新进店员来说，在上岗前对他们的知识、技能、态度进行分析，通过岗位胜任力模型和心理测验等科学工具进行测评，真正地做到适才适用。店员就会对这份工作产生兴趣，产生兴趣后利用一些正面的刺激奖励予以巩固，这样店员就会更加努力地去工作，把工作从有趣提升为乐趣。另外，店长或师傅一定要起到模范带头作用。

四、提高店员士气的沟通技巧

如果你是店长，怎样去应对目前市场销售的强烈竞争和市场的惨淡，面对垂直下降的销售额，你会用什么方法去提高店员的工作热情和士气，从而让店员打起精神继续工作呢？这其中的沟通技巧尤为关键。

（一）不要使用“现在是求生关键时刻”的恐惧诉求

作为店长，如果你心里想着要召集全体店员到齐，然后训示：“各位，现在是我们必须齐心协力的时刻，否则我们就要经营不下去了。”那你最好三思。这样模糊、充满恐慌，而且又没有提供任何明确建议的语言只会加深大家心中的焦虑。

虽然制造急迫感是动员组织的第一步，但是，如果你了解人性，就会知道急迫感很容易转变成恐惧甚至恐慌。恐惧可以让店员立即动起来，但是行动的方向是杂乱的，就像走在丛林里遇上了狮子，立即涌生的恐惧只会让人们在脑中大声呼喊“逃啊!”然后拔腿就跑。而且，恐惧诉求对团体的副作用还不止如此。恐惧还会造成压力。在压力之下，不仅创意会蒸发不见，解决问题的能力也会降低，店员只会依靠自己的冲动反应，不会再彻底思考行动的后果与事件的关联性。这对于整个团队面对的挑战是有害而无益的。

（二）用有点挑战性的目标给店员正面的压力

要稳定团队的紧张情绪，首先店长要先稳住自己的情绪。其实，店员都会观察店长一举一动所泄露的蛛丝马迹，店长如果不先稳定自己的情绪，很可能已经将“逃啊!”的恐惧情绪泄露给了店员而全然不知，无形中把庞大的压力辐射到了整个组织。

店长必须先稳定自己的情绪、重新提醒自己组织的愿景到底是什么，然后再一次把这个愿景传达给整个团队，从而把团队引入到正面的思考与情绪上。

这并不是要店长美化事实，而是提醒店员未来的长期目标到底是什么。店员知道自己未来的方向并觉得有可能达成目标时才会有一致的行动，每个人就可以朝着共同的目标找到自己的方向了。这时不妨把整个团队成员请到一个办公室以外的地点，让所有人在安静的环境中，一起花一点时间清楚地了解未来的方向与现实的问题。店长一边说，还要一边观察店员的表情与反应，要看到店员也开始兴奋了才行。

重新提醒店员企业的愿景除了可以让他们动起来，还可以解放他们的创意，朝解决问题的方向去努力。当店员有了可以达成、具有挑战性的目标，才能够产生正面的压力，激发出朝目标前进的能量。

（三）团队一起思考应变方法

任何团队都会有士气低落的时候，但是时间不能长。团队如果长期士气低落，店员就会变得冷漠，所以，要把恐惧诉求的训示换成请大家一起参与想办法的邀请，询问店员在目前市场环境如此低迷的时候，到底可以做些什么。这样可以带动他们思考，找出走出困境的办法。

（四）调整店员的行动方向，减少相互冲撞的可能

要激励店员动起来，有一点要特别注意，就是团队成员之间或是不同团队之间的行动一定要经过整合。因为在压力大、士气低的时候，每个人都比较脆弱，是经不起相互冲撞的。

如果没有整合好行动的方向，店员满心认同目标要前进时，却发现两个人或团队彼此摩擦，就像一下被浇了冷水，负面压力又会重新浮现，好不容易重振的士气就会再次受到打击。所以，在鼓舞店员行动后，接连的挑战就是要确定彼此是相互支援的。

（五）通过谈话聆听拉近店员之间的关系，缓解心中的压力

在经济环境不好的时候，讨论来讨论去，最后发现能够采取的行动、付诸行动的计划真的很少。这就是真实的情况，不要太忧心。虽然能做的事情不多，但是能说的话永远不嫌多。店长不妨利用这个时候多与下属谈话，尤其是非正式的谈话，利用这个机会与店员建立情感。

除了多说之外，还要多听。因为经济形势的变化会使这类模糊的压力让人们变得焦虑，而聆听是缓解焦虑的不错方法。别以为聆听很容易，要认真地倾听，而不是急着进行分析或是解决问题。对很多人来说，有人倾听他的倾诉，就足以让他恢复平静的心情。

其实有时候店员焦虑的是一些他们难以启齿的猜测，如担心自己会被裁员类似这样的猜测如果持续留在店员心中，只会助长他们的恐惧。这个时候把事情说开是最好的解药，

并且提供事实情况，要讨论已经发生的事情，不要猜测。

五、店长激励店员的黄金法则

（一）使命法（自我激励法）

1. 方法

激励斗志的方法多种多样。如由公司老总或其他事业有成的人士为店员讲解创业经历，让店员认识到事业成功的可能性和艰难性；邀请成功学方面的专家到公司讲课；订购成功学方面的书刊给店员阅读；让店员讲出自己心中的理想以及实现理想的打算等。

2. 原理

每个人都有自己的梦想，都渴望成功，都希望过上美好的生活。当店员心中被尘封已久的理想再次被打开时，他们会表现出很大的激情。而店员心里明白，要成功就必须从做好手上的工作开始。

（二）个人业务承诺计划法

1. 方法

让每名店员在年初时制订本人全年业务计划，向公司立下“军令状”。由店长负责考察业绩完成情况、执行力度及团队精神，并予以必要的指导、协助和鼓励。但不要给店员制订太多的目标，而要鼓励他们充分发挥潜能和创造性。

2. 原理

根据期望概率理论，一个人从事某项活动的动力，取决于该项活动所产生的成果吸引力和该项成果实现的概率大小。完全的目标导向激发了店员奋斗和创新的动力，计划的一步步完成使他们充满成就感，团队的支持让他们感受到动力和宽慰。

（三）组建临时团队法

1. 方法

将某个重要的业务计划或项目交由一个临时组建的团队去完成。

2. 原理

临时团队之所以可以产生较高的工作效率，其组织形式对成员的激励功不可没。临时团队有以下的特点。

（1）人少（最佳规模为3～7人），志愿组成，目标导向，通常完成任务之后自行解散。

（2）适当的、具有一定挑战性又有可能达成的目标能很好地激发临时团队成员的工作热情。同时临时团队实行自我管理，即团队成员从本来的被控制变为具有一定的决策权。当一个人充满责任感的时候，他将会全身心地投入工作。

（四）生存竞争法

1. **方法**

对店员进行动态评估，让每个人都知道自己所处的位置。制订店铺、部门及个人工作目标，建立相应的考核机制，达不到目标的店员无论级别、资历、以往贡献都要被处罚。

2. **原理**

让店员明白，如果他们不努力工作或者工作没有业绩的话，就有可能被淘汰。在生存竞争异常激烈的现代社会，可能失去饭碗的压力将会极大地激发店员的工作热情。

（五）分组竞争法

1. **方法**

将店铺业务部门划分为若干小组，每天（周）公布业绩排行榜，月终进行总结，奖励先进，激励后进。

2. **原理**

最好的机制不是试图去“让懒人变得有生产力”，而是在店铺中形成高绩效的环境，使店员的敬业精神得以发扬光大，从而让懒惰者无处藏身。可以说，来自同级的压力比来自上级的命令更能促进店员的积极性和工作热情。

（六）双向沟通法

1. **方法**

组织基层店员与高层管理人员进行恳谈会、设立店长接待日、进行员工意见调查、设立店长信箱、设立申诉制度，让任何意见和不满得到及时、有效的表达；建立信息发布会、发布栏、店铺内部刊物等，让店员及时了解店铺发展动向、动态，增强店员参与的积极性。

2. **原理**

使店员感受到自己受重视、有存在价值，他们自然会有热情去为店铺做事。

（七）店员参与决策法

1. **方法**

建立店员参与管理、提出合理化建议的机制，提高店员主人翁意识。如让店员参与店铺发展目标、方向的分析研讨，参与项目确定，参与保证店铺正常运转的各项规章制度的制订。

2. **原理**

没有人喜欢别人强加于自己身上的东西。但如果让店员参与店铺经营目标、管理制度等的制订，他们就会觉得那就是自己的目标和行为准则，就会充满期待地投入工作。

（八）荣誉激励法

1．方法

对有突出表现或贡献的店员，对长期以来一直在为店铺奉献的店员，要毫不吝啬地授予一些头衔、荣誉，换来他们的认同感，从而激励他们的干劲。

2．原理

每个人都对归属感及成就感充满渴望，都希望自己的工作富有意义。荣誉从来都是人们激情的催化剂。

（九）亲情关怀法

1．方法

店长应该是一个细心的人。对店员的工作成绩，哪怕是很小的贡献也应及时给予反馈。一张小纸条，一个电话留言，一封E-mail等，都能让店员感到自己受到了领导关注、工作被认可。此外，建立员工生日表，店长签发店员生日贺卡，关心和慰问困难店员等行为都可以很好地增强店员的归属感。

2．原理

任何人都希望自己努力的成果能被认可、赞同，这是人们前进的动力。

（十）危机教育法

1．方法

不断地向店员灌输危机观念，让他们明白店铺及个人生存环境的艰难，以及由此可能对他们的工作、生活带来的不利影响。

2．原理

店铺发展的道路充满危机。然而这种危机往往并不是所有店员都能感受到的，此时有必要向店员灌输危机观念，树立危机意识，重燃他们的创业激情。

思考讨论

1．服装店长科学实施绩效管理的主要内容有哪些？

2．服装店长提高店员士气的方法与途径有哪些？

第七章　做好销售现场管理

【学习目标】

知识点

1．了解销售现场氛围的作用并熟悉营造氛围的基本途径。

2．熟悉店长日常工作要点和基本流程。

3．熟悉销售现场突发事件的种类及其基本处理方法。

4．熟悉服装店铺促销的主要手段及一般策划与实施要求。

能力点

1．会进行销售现场气氛的营造。

2．会合理安排并执行店长日常工作内容。

3．会有效解决销售现场的突发事件。

4．会简单策划店铺的促销方案并有效执行。

【引导案例】

大学毕业两年的张琴接到了母亲的电话，要她回家接管自己代理的某二线休闲装品牌专卖店。大学毕业时，由于想独立到外面闯荡一番，张琴选择了离开家乡。现在母亲身体不好，萌生了退意，但又不愿把生意不错的店铺转让，加之希望女儿能在自己身边，因此迫切希望张琴能回家接手这间店铺的经营。经过再三思考，张琴接受了母亲的建议，回家做起了这个服装店的店长。

基于女性对服装的理解，刚接手的时候，张琴觉得经营这间店铺不是什么难事。在她的感觉中，经营服装店就是进货、卖货的事情，而且进货也不用到市场上去淘，只需要在公司订货网站动动鼠标就可以了。但事实并不如她所想，她每天忙得焦头烂额，她所认为的进货只占了工作内容的极小部分，大量的时间她都用来处理一些杂事。尽管她曾想到请一位店长来代替自己，但通过与父母商量后还是觉得自己亲自打理会更合适一些。就这样，张琴早出晚归，整天待在店铺管理着店铺的日常经营，在母亲的指导下，半年后，张琴已经能很轻松地应付店铺的日常经营事务了。此外，由于有高等教育的背景，加之虚心学习，张琴对店铺的各项经营管理工作也有了独到的想法。经过她的打点，店铺的业绩也比以前有了明显的提升。

第一节 营造良好的销售氛围

服装属于情感类消费品，消费者的购买行为带有很强的冲动性色彩，不论进店还是购买，店铺现场氛围都在其中起着关键性作用。有调查显示，82%的消费者表示令人不愉快的店铺氛围会使他们做出拒绝进入店铺的决定；65%的消费者因受产品终端形象和活动的影响而发生购买转移行为。因此，营造良好的店铺销售氛围就显得尤为重要，需要将之纳入日常化管理之中，并加以明确考核。在服装店铺经营中，主要是从人员、灯光、色彩和音乐四个方面来进行销售氛围营造的。

一、店内人员气氛的营造

（一）营造店内人气的积极意义

内部气氛是影响顾客进店率的重要因素，店铺内部越是顾客盈门、人气旺盛，就能吸引更多的消费者进入店铺。对于服装店铺而言，真正用于销售的时间往往不是很长，更多的时间在于等待顾客进店，因此在等待顾客进店的时间内如何提高进店率就显得尤为重要。

如果导购员没有很好地认识到气氛对销售的重要性，最容易出现的状况或是呆站在卖场，或是面无表情地看着店外，甚至离岗躲进库房休息。由于体力消耗和无所事事，消极的气氛会在店铺内部蔓延，使整个店内呈现出死气沉沉的氛围；还有些店铺对导购人员的行为举止有严格的要求，致使众多店员都一声不吭地站着，这样不但是徒劳的，而且只会使销售现场的气氛更加沉重，增加顾客的进店心理压力。因为大多数顾客都不喜欢到非常冷清的、连导购员都木立不动的店铺去购物。

（二）营造店内人气的常用方法

当店铺没有顾客上门时，导购人员可以做一些整理、检查商品的工作，以便随时可以为顾客服务，同时可以活跃店铺内部的气氛，增加“人气”。

1. 检查展区和商品

服装卖场所销售的服装虽然已经过出厂质量检验，但仍然不可能完美无缺，难免有些次品流入店铺；有时尽管进货检验时商品是完好的，但搬动陈列过程中也可能会对商品造成损伤，或经过众多顾客的触摸而受到污损；顾客的到来，也难免在店内留下泥土、纸屑、果皮等杂物。因此，导购员必须利用空闲时间，随时维护店内的环境卫生，认真检查商品质量，把有毛病或不合格的商品挑出来，及时处理，防止流入顾客手中而影响店铺的声誉。

2. 整理与补充商品

商品经过顾客的挑选和购买之后，会出现减少和混乱的情形，如果店员无视这种情况，而老是让顾客买不到他所需要的东西，或是让他在零乱的商品中找出他所喜欢的东西，那么顾客一定会感到厌烦。因此，店员应该在空闲的时间里，做些记录商品的工作，确实掌握商品的进出状况及其所处区域。并在每天上班前或下班后整理、补充商品，使柜台永远保持整洁、商品无缺的状况。

3. 调整商品陈列

因为商品的销售量经常会有变化，所以商品的陈列方式也应该有所改变，要将销售量大的商品多摆一些出来，并放在显眼、易拿的地方。此外，在充分利用橱窗陈列展示的同时，还要将店内货架与橱窗展示进行有机结合，以促进消费者对产品的关注，此外还要积极利用导购员对店内服装进行试穿来吸引顾客的眼球，从而带动销售。

二、店内灯光气氛的营造

店面使用各种各样的灯光并不仅仅是为了方便顾客挑选商品，还可以起到渲染气氛、表达和强调情感的作用，从而吸引顾客的注意力。灯光的照射是表现商品形式和内容最关键的工具，它的明暗轻重能直接影响到商品陈列的效果。

1. 店铺灯光的类型

不同业态的店铺采用不同方式的灯光照明，百货商场、服装专卖店、精品店等都有各自适合的照明方式。在同一间店铺里面的不同商品区域也要采用不同的照明方式，如精品区要用高强度的灯光，而床上用品区的灯光可以朦胧一点，以便制造一种温馨的现场气氛。照明系统大致分为以下两类。

（1）商品重点式点状灯光分布：商品重点式点状灯光分布是指对某些点做集中的高照度照明，其他区域的照度则相对较低。这种照明方式的好处在于使店面看起来具有清晰的层次感，因为人的感觉是从一个点看到另一个点，利用明暗变化，可以成功地塑造多层次的店面形象；缺点是整体亮度较低，从外面看起来，店内比较黑暗。

（2）商品面状式灯光分布：商品面状式灯光分布使店面所有地方的亮度看起来相同。大部分店面都采取商品面状式灯光分布，因为它能营造一种明亮、干净的效果；从店面外面看起来，让人有窗明几净的感觉；其缺点在于缺乏必要的层次感。

2. 运用灯光时需要注意的事项

店铺一般会采用定向照明、集束照明和彩色照明等方法，以增强某些特定商品对顾客的吸引力，从而取得较好的销售效果。对灯光进行有选择地使用，既美化了店内环境，又起到了吸引顾客注意商品、引发购买欲望的作用。

按照舞台灯光设计的方法，为商品配置适当的顶灯和脚灯，不但能起到一定的照明作用，还能使原有的色彩产生戏剧性的变化，给人以新鲜感。对灯泡的一般要求是光源隐蔽、色彩柔和，避免使用过于鲜艳、复杂的色光，尽可能地反映商品的真实状况。值得注意的是，运用灯光时一定不能使用过高的光源，这样容易导致服装褪色甚至燃烧，还会使顾客和店员造成身体和心理不适。

三、店内色彩气氛的营造

不同的色彩对顾客的心情会产生不同的影响和冲击，因此很多商品及包装都采取了各种各样的色彩搭配，以吸引顾客的注意力，给顾客留下赏心悦目的印象。由于服装的色彩各异，因此在服装陈列时必须注意色彩搭配能否符合顾客的心理要求，能否同周围的环境协调，这对商品陈列的效果有极为重要的影响。

从视觉科学上讲，彩色比黑白色更能刺激视觉神经，因而更能引起顾客的注意。每逢节日，商店里色彩夺目的商品总会使人眼前一亮、精神一振。彩色能逼真地反映商品的色彩、质感和量感，所以也就增加了顾客对商品的信任感。

1. 色彩的类型

（1）暖色：代表色有红色、黄色、橙色，这是在希望产生温暖、热情、亲近等感觉时使用的色彩。

（2）冷色：代表色有蓝色、绿色和紫罗兰色，通常用来营造雅致、洁净的气氛。主要应用在光线比较暗淡的走廊、休息室以及零售店铺，希望使人感到舒服、明亮的其他场所也可以应用这些色彩。

通过不同商品各自独特的色彩语言，顾客更易辨识商品，产生亲近感。这种作用在服装店铺内表现得更为明显：秋冬装采用暖色调给人以温暖的感觉，夏装采用冷色调给人以清凉舒适的感觉；童装往往采用暖色调，而成人装往往采用中性色。

2. 色彩与感觉

色彩的冷暖是最基本的心理感觉。正是由于心理受到了色彩的深刻影响，所以色彩也就具有了一定的情感特征。色彩设计中的色彩感觉与色彩情感如表7–1所示。

表7–1　不同色彩的色彩感觉与色彩情感

色彩种类	色彩感觉	色彩情感
红色	热	刺激
绿色	凉	安静
青色	较冷	较刺激
紫色	中性	少刺激
橙色	暖	较刺激
黄绿色	中性	较安静
青绿色	冷	很安静
紫绿色	较冷	较刺激
紫红色	稍暖	较刺激

一般来讲，暖色给人温暖、快活的感觉；冷色给人清凉、寒冷和沉静的感觉。如果

将冷暖色并列，给人的感觉是暖色向外扩张，前移；冷色向内收缩，后退。了解这些规律，对服装店铺购物环境设计中的色彩处理很有帮助，可以提高服装店铺购物环境的整体效果。

3. **色彩组合的效果**

色彩的特性规律在不同的情况下会有所不同。现实中常见的颜色是红、黄、蓝三色，但是这三种颜色混在一起又变成了黑色。物体对自然光全吸收成为黑色，全反射则为白色，黑色具有收缩性，白色具有放射性，它们可以和任何冷暖色彩组合在一起，非但不显得唐突而且还可以为其他色彩增辉。

选择何种色彩搭配要根据店铺的形式特点而定。通常情况下，经营冬季服装的店铺应以暖色为主，而经营夏季服装的店铺应以冷色为主要装饰色。不同的色彩组合也会带给顾客不同的感觉，如服装店铺在夏季陈列蓝色与黄色组合的裙装，会让顾客联想到海洋与沙滩，感受到海水般的清凉。

不同色彩组合的效果：

温暖感——暖色与红色、黄橙的组合
重量感——明亮度低的色彩组合
摩登感——灰色与最鲜艳的颜色组合
积极感——红色与黄色、黄色与黑色组合
华丽感——色彩度高、色环距离较远的色彩组合
朴素感——色彩度低、色环距离较近的色彩组合
平凡感——绿色与橙色的组合
清凉感——冷色与暖色的组合
轻量感——明亮度高的色彩组合
庸俗感——以肤色为主题的组合
稳重感——茶色与橘色组合
年轻感——白色与艳红组合
理智感——白色与青绿色的组合
开朗感——白色与亮绿的组合

4. **色彩的应用**

巧妙利用色彩可以刺激视觉，提升店面层次。有效的色彩搭配俨然是一个出色的导购员，有研究表明，顾客在超市里将用25分钟左右的时间浏览5000多种商品，最能吸引顾客购买的因素是色彩。

（1）色彩的运用是灵活的、经常变化的。广告、图片、海报用的颜色，文字的颜色，都要和季节或具体的时间相符。某商场根据四季服装的变化，配合春夏秋冬分别采用不同的店面主色调。春天用绿色，代表春天的气息；夏天用水蓝色，给顾客以清凉的感觉；秋天用金黄色，象征丰收的喜悦；冬天用红色，给顾客送上温暖的感觉。这家商场成功将色彩与商品相互组合，收到了很好的销售效果。

（2）主色调和辅助色调。在选定某一主色调后，适当地加上一些辅助色，可达到区分不同商品和生动表达的效果。如春节期间，一家购物商城选用大红色作为主色调，传达喜气洋洋的感觉；在女装区用绿色作为辅助色，给人以春天已经来临的感觉；在百货区使用黄色，制造积极的氛围；在收银台使用金色，象征着荣华富贵。

（3）指示系统。指示系统为顾客提供信息，帮助顾客找到想要的东西，但很多店里的指示系统却很混乱，摆设地方也不对。指示系统首先要靠颜色区别，如婴幼儿服装区域的指示系统可以采用红、橙等暖色系纯色；童装区域的指示系统可以采取以纯黄为主的色调；女装区域的指示系统以淡色调、亮色调为主；男装区的指示系统以艳色调、暗色调为主。

5. 色彩搭配应注意的事项

为了提高店铺的色彩效果，在对商品陈列进行色彩搭配时应注意以下几点。

（1）衬托商品的道具要避免使用同商品一样鲜艳的强烈色彩。因为同样的强度会减弱商品的颜色，所以道具等配饰应该比商品色彩的明度弱，或者比商品色彩的明度强，这样就能产生色彩的对比。

（2）性格对立的色彩，尤其是红与绿，不应等量使用。“万绿丛中一点红”就是说要使红色偏少而绿色增大才能达到强烈的视觉对比，因此可用面积比例大小来调节对比强烈的色彩。

（3）陈列商品的背景色彩不应与商品色彩太雷同。如果色彩太相近就会减弱商品的色彩，形成一片混杂。配合商品陈列的背景色一般不宜与商品色彩太雷同，这样它们才能形成对比，从而使商品被突出。

四、店内音乐气氛的营造

音乐可以陶冶人的灵魂，培养高尚的情操，引起愉快的情绪和欢乐的氛围。悠扬的背景音乐无论是用在商场还是酒店都能营造出融洽的氛围，得到人们的喜爱。在服装店铺中巧妙地运用音乐，同样会对销售起到很好的作用。

1. 音乐的播放

不同的营业时间，不同的店铺，播放的音乐也不同。但在播放过程中，音量要适中，切忌过大、过小，影响卖场氛围。

（1）营业开始：可选择轻快的音乐，以便提高店员士气。

（2）营业中：播放轻快且节奏欢快的音乐，可促进卖场气氛。

（3）空档时间：可播放轻柔、抒情的音乐，以缓解店员的工作压力及紧张情绪。

（4）营业结束：可以固定播放同一首曲子，作为告知提醒，如晚安曲等。

（5）童装店：播放一些脍炙人口的经典儿歌或者当下流行的动漫歌曲。

（6）休闲装店：播放流行歌曲或摇滚歌曲。

（7）女装店：播放轻柔、舒缓带有烂漫曲调的歌曲。

2. 店铺音乐的管理

由公司录制或采购固定音乐，应定期统一更换，这样既使风格保持一致又容易管理。在每间店铺中，由店长指定专人负责播放音乐，按照事先确定好的播放时间实施音乐播放。如果要调整播放的音乐，需要经过店长的审核。

第二节 做好销售现场的工作安排

店铺的销售业绩来自于细致有效的销售现场管理，店长作为服装店铺的负责人，需要对店铺现场的各项工作承担起最为重要的责任。一名优秀的店长就是一间店铺的灵魂，他可能不直接从事一线销售工作，但却一直在为确保店铺经营体系的顺利运转而努力工作。因此，店长要精心安排自己的现场工作程序和内容，以确保店铺高效运作。

店长日常现场工作分为八大模块，在遵循店长工作一般流程的情况下开展具体的工作。

一、人力安排

人力安排是指确定什么人在什么时间做什么事。

1. 确定人力配备情况

根据营业面积、时段客流量来配置人数，合理排班，根据人员数量和营业时间安排人员的班次（可按周、月），填写排班表。在排班表制订过程中要考虑特殊情况，如节假日因人流增多需适当延长各班次的时间；店员休假时安排代班人员。

2. 规范店员仪容仪表

（1）女性店员上岗前化好淡妆，给人以健康向上的感觉。

（2）头发要干净整洁，长发须束起，刘海不允许超过眼眉，发色须自然。

（3）不能佩戴过于夸张的首饰。

（4）双手要干净整洁，无污垢，不能留长指甲。

（5）须穿规定的统一工装，保持服饰干净整洁，纽扣必须全部扣上，不能佩戴围巾、手套等。

（6）按照统一规定佩戴工牌。

（7）丝袜颜色要尽量与肤色相近，保持干净无破损。

（8）脚穿与工装配套的鞋子，要求干净、无破损，鞋跟高度合适。

（9）工作中要抛开一切不良情绪，保持良好的心境和情绪。

3. 工作轮替

根据时间周期，依据实际工作安排以及人员培养的需要，实施店员的角色、区域轮替，以提高店员的综合能力和店铺经营绩效。

二、店铺环境管理

1. 商品陈列

按照货品特点和店铺现有陈列条件，遵照陈列的一般原则完成店铺陈列（有些店铺要完全按照总部的统一陈列方案实施陈列，店长只要执行到位即可）。临时性促销或者货品调整导致的陈列方案的调整，需要店长根据实际情况组织实施。

2. 灯光

根据时间、天气、节假日变换灯光。灯光需充足适宜，无明显暗处及过于耀眼的地方。在店铺光源管理控制中，要尽量细化电闸开关，以做到灵活搭配，避免不必要的浪费。

3. 音乐

店长要根据店铺风格、货品风格、销售主题、时间段选择不同的背景音乐。注意音量不能太大，避免影响卖场中店员与顾客的交流。

4. 环境清洁

环境清洁包括货区清洁与货品清洁两大内容。保持店面环境清洁，是包括店长在内的每位店员的重要职责，店长须带领与监督店员完成清洁工作，具体的工作步骤如下：先准备好水桶、抹布、鸡毛掸、卷纸、玻璃清洁剂等工具和用品，然后擦拭柜台、货架、门窗、玻璃和镜子；接着清扫商品，要特别注意销售比较缓慢的商品的清洁，打扫完卫生后及时将商品重新摆放好。另外，晚班下班前15分钟记得倒垃圾。

三、销售运行流程管控

根据实现销售的职能，将店铺的具体工作进行细分，确定店长围绕销售实现开展的具体工作模块。

1. 基本导购模块

指导店员按照“亲切招呼+关心顾客+诚意推介”的销售基本流程，建立顾客好感的基础销售技巧。抓住顾客进店后的每一个细节，按照标准化的流程完成对顾客的初步了解和服务，使顾客建立良好的进店印象。

2. 效益提升模块

在了解顾客基本需要的基础上，实施针对性的导购策略，快速引导顾客落实购买意愿，完成下单。这一过程包括鼓励试穿、消除异议、附带销售三个基本流程。

3. 讯息建构模块

在收银环节完成顾客信息的收集，如通过赠送小礼品、办理会员卡等方式将顾客的具体信息收集完整并录入到专用系统中。

4. 顾客经营模块

在销售完成后，有选择性地实施顾客回访。同时，按照季节轮换和促销安排，有针对性地实施电话、短信、邮件等方式的信息推送，维系客情关系并促进销售。

四、服务质量管理

1. 建立和提升店员的服务意识

零售是典型的服务工作，对于服装零售来讲更是如此。服装属于情感性消费品，店员的一举一动都会对消费者的购物心态产生重大影响。作为服装店铺来讲，需要营造一种让顾客感到轻松、愉悦的购物环境，这除了硬件要素上的改善外，还需要店员具有良好的服务意识。因此，店长应以身作则，努力向店员灌输服务意识的重要性，提高店铺整体服务质量。

2. 提高店员的服务工作质量

店长根据店铺日常工作的一般规律总结出店铺的工作流程，并在具体工作中带头示范，力图把规范的工作流程变为所有店员的行为习惯。注意，店长在现场执行时不要流于形式，要尽量将每一位店员都融于其中。此外，要密切关注店员之间、店员与顾客之间的互动情况，指出存在的问题并提出解决方案。

3. 个案教育，整体提升

在实际工作中做好示范，寻找日常工作中具有典型意义的个案进行总结，形成一个解决具体问题的参考示范，并以此作为店员培训教育的素材。在服务质量提升的过程中尤其要强调对新店员的带训工作，如聘请实战经验丰富的老店员或者店长亲自培训新店员，可以利用营业闲暇时间开展这项工作。

五、货品管控

在货品管理体系的执行中，进货管理和存货管理是店铺货源充足、卖场陈列丰富的基本保障，同时也是销售业绩提升的关键基础。所以店长现场管理的各项工作必须围绕货品这个关键点开展。

1. 畅销货品管理

（1）密切关注销售变动，及时掌握畅销品库存情况（款式、颜色、尺码、数量等），根据销售动态计算一周的安全库存量，通过调整订单配足一周的货品数量。

（2）陈列主题，以畅销品为中心实施主题商品展示，做好陈列的推荐重点，强化卖场风格和货品风格。

2. 主推货品管理

根据动销状态，一般将销售排后的货品列为滞销品，滞销品往往又作为店铺的主推货品予以销售。促进主推商品的销售一般有以下几种方法。

（1）有针对性地实施订货控制，即明确非畅销品在货品结构中的地位和作用，如果对整盘货不是很重要，就要严格控制进货量，这是从源头上实施主推货品管理的方法。

（2）强化现场导购推荐，加强推销力度，作为主力推销货品。

（3）强化陈列。将主推货品在陈列中重点推出，安排最佳陈列位，确立明确的陈列主题，强化产品风格，适当利用POP进行氛围烘托。

（4）促销配合。针对主推货品做促销活动，可以采取打折、赠品、赠送等方式。

3. 安全库存

在店铺经营中，根据季节及销售周期的情况，需要计算店内最大陈列款数量、基本陈列款数量以及安全库存量和进货周期，并以此作为单店进货的核心依据。定期进行实物盘点，检查款式、颜色、尺码、数量等是否齐全，以此制作订单。在安全库存的管理中，需要考虑天气变化、物流运输以及供货商货品充足度等具体情况。

4. 上货波段管理

所谓上货波段即上货批次，根据新品供应计划、季节情况以及竞争状况制订货品供应的批次、数量、时间等。服装产品往往带有很强的流行性和时尚性，这就需要店铺制订合理的商品上市波段，以迎合市场的需要。在上市波段的周期轮动中，要更换整个卖场的产品结构，变换产品组合并进行陈列调整，改变店铺的促销主题。作为店长，有义务定期提出货品上市周期轮动的建议并执行轮动的具体方案。

六、市场信息管理

所谓市场信息是指商品及商圈消费者变化的情况，以及竞争对手等情况。店铺处于市场第一线，可以说每间店铺都是市场信息的采集点，这些信息的收集对企业决策尤为重要，店长在现场工作中应注意搜集相关市场信息，然后加以分析和利用。

1. 市场信息的搜集与利用

（1）市场信息收集的主要内容。包括本地区消费者的购买力、本地区消费者实际购买状况、本地区消费者购买行为特征、本地区市场季节性变动特点、本地区竞争品牌状况。

（2）市场信息的分析与利用。店长应该充分利用上述搜集来的信息，分析整理后将其作为店铺营运管理决策的重要依据。通过有关的商品信息，抓住商品的流行趋势，作为促销活动及订货的依据；通过有关的消费者信息，划分出顾客层次，决定专卖店应有的商品组合，使商品组合满足顾客多样化的要求；通过对商品销售数据、顾客信息反馈的分析，清晰地界定出主力商品、补充商品、季节性商品、特价商品等。

2. 顾客信息的搜集与利用

传统店铺认为最重要的竞争资源是人、财、物，而现代先进的店铺认为最重要的竞争资源是顾客。因此，店铺必须做到像了解商品一样了解顾客，像了解库存变化一样了解顾客的变化。没有完整的顾客资料，顾客的日常联络和维护则无法完成。顾客信息搜集得越完整，店铺的经营提升空间将越大。

建立顾客数据库的工作步骤：以现有档案建立首批顾客数据库；通过促销活动或终端互动建立数据库；搜集好目标顾客名单后，依据经济状况、购买习惯、偏好程度细分顾客群；将数据库信息进行分类统计处理；制订促销活动方案，规避主要细分市场的竞争；跟踪购买后消费者的变化及销售反馈；整理反馈信息，围绕特征性消费发觉、提炼广告素材，推出新的广告诉求点；占有市场，继续开发潜在顾客群。

3. 竞争店铺信息的收集

（1）确定竞争对手调查规划。

竞争对手调查主要涉及竞争对手分析的层次和目标：店铺要知道竞争对手的哪些信

息？店铺对竞争对手的了解目前处在哪个阶段？首先，列出谁是竞争对手；其次，描述竞争对手的状况；再次，掌握竞争对手的方向，“破译”出竞争对手的战略意图；最后，引导竞争对手的行为。

（2）确定竞争对手调查的主要内容。

① 商品力调查：商品组合如何？有哪些商品种类？各类主力商品是什么？辅助性商品和关联性商品是什么？比例分别是多少？与本店铺形成直接竞争的商品有哪些？在哪些要素上形成竞争？（如价格、面料、款式、促销等）

② 商品布局及陈列：商品展示与主题是什么？生活方式的展示与主题是什么？商品分类是否易看、易买、易卖？其分类方法如何？商品陈列之关联性如何？主力商品的配置与面积如何？主副通道的设置如何？店铺死角的处理如何？收银台位置是否合理？

③ 促销状况：宣传广告的内容如何？广告在店铺中是否明显？促销海报、宣传广告的诉求方式是什么？店铺门口是否具有吸引过往人流的效果？是否举办了具有吸引力的主题活动？主题与诉求点是否一致？宣传广告与橱窗展示是否与促销活动的主题一致？特卖时期商品种类、组合及气氛的营造如何？是否有叫卖或限时抢购方式？效果如何？对店铺形象是否有影响？

④ 营业额状况：依收银机发票序号估算实际购买顾客数（按平日与假日分别统计）：实际购买顾客数×平均单价=营业额；以卖场面积来推算：平均效率×店铺面积=营业额；依商圈内消费市场占有率推算；依收银台开机数推算；依消耗品调查推算（如包装袋、包装纸、发票、包装盒等）；了解补货频率和数量。

七、财务及报表工作管理

店铺每天的经营绩效最终要上报给上级主管部门，因此需要店长完成相关数据的统计以及必要书面材料的整理上报工作。

1. 现金管理

现金管理是店铺经营中的一个敏感点，在大多数情况下这项工作由店长和收银员共同完成。在每个营业阶段结束后，为确保现金安全，店长都要对营业款进行交解，就近存入指定银行并保留存款入账凭证。在营业款交解过程中要仔细核对营业数据，完善交解手续。每天、每周、每月都要进行营业款的汇总统计并上报。

2. 销售报表管理

店铺销售信息的处理是总结分析店铺经营中存在问题的基础。在店长的日常工作中，要落实营业报表及时、准确的统计，并完成店铺经营分析。报表分析涉及的内容包括进货、动销、滞销、库存等基本信息，并在此基础上提出自己的解决方案。

八、其他事务管控

店长的工作内容繁杂，凡是与店铺经营有关的事务都有可能需要店长实施处理和管控。除了前面七个部分的工作内容外，还有一些诸如安全、咨询等方面的工作需要店长来完成。

第三节　正确处理销售现场突发事件

一、正确认识和处理顾客投诉

顾客投诉是销售现场管理中经常会碰到的事情，顾客投诉是将潜在冲突转化为显现冲突的一种方式，如果对顾客投诉予以正确处理，可以将顾客的不满转化为满意，这对一个企业来讲是一件意义重大的事情。

（一）有效处理顾客不满的意义

任何一间服装店铺在对顾客进行服务的过程中，难免会发生顾客因店员的服务质量、商品质量以及售后质量等出现抱怨的情况，因此正确处理顾客抱怨，已经成为了日常管理中的重要工作，快速有效处理好顾客的抱怨具有积极的意义。

1. 增加顾客对店铺的信赖度

如果店铺在处理顾客抱怨事件时能够表现出经营诚意，为顾客解决实际问题，那么将增加顾客对店铺的信赖感。

2. 可以有针对性地整改店铺的经营问题

顾客往往是针对在消费中感到的不满意而进行抱怨，这恰恰可以反映出店铺运营上的不足，如果能够有效解决顾客的抱怨，也将能提高店铺运营管理的绩效。

3. 能培养店铺的忠实顾客

通过对顾客抱怨事件的处理，在店铺运营中也能逐渐改善存在的问题，从而建立顾客与店铺间的感情，长此以往可以为公司培养忠实顾客。

（二）顾客不满与投诉原因的分析

顾客产生不满与投诉的根源多种多样，但主要来自于主观期望与客观体验之间的不一致。具体表现为以下几点。

1. 顾客的偏见、成见、习惯

偏见、成见往往不合逻辑并带有强烈的感情色彩，靠讲道理难以消除。因此，在不影响销售的前提下，店长应指导导购员尽可能地避免讨论偏见、成见和习惯问题而将话题进行转换。

2. 顾客心境不良

在这种情况下，顾客可能提出种种投诉，甚至是恶意投诉，借题发挥。店长应避免正面处理此类投诉，但如顾客真的是胡搅蛮缠，店长应采取适当措施维护自己的权益。

3. 顾客自我表现的欲望

有些顾客为了表现自己知识丰富、有主见，因而会提出种种问题来为难店员，店长应对此予以理解，并采取谦虚的态度耐心倾听。否则容易刺伤顾客的自尊心和虚荣心，引发他们的投诉。

4. 商品存在的问题

当商品本身存在质量问题时，顾客自然会提出相应的投诉。对源于此方面的投诉，店长应实事求是地予以处理，设法改进品质不良的产品或者直接将产品下架不再销售。

5. 店员的不足

当店员服务不周、销售礼仪不当或专业知识欠缺时，也会导致大量的顾客投诉。为杜绝此类情况发生，店长应在前期做好店员的培训指导工作，在事中做好顾客的安抚解释工作。

（三）处理顾客投诉的流程与策略

作为一间服装店铺，应当设立解决顾客投诉的专业人员和流程，而店长则是担负该任务的第一责任人。解决顾客投诉的一般流程如图7–1所示。

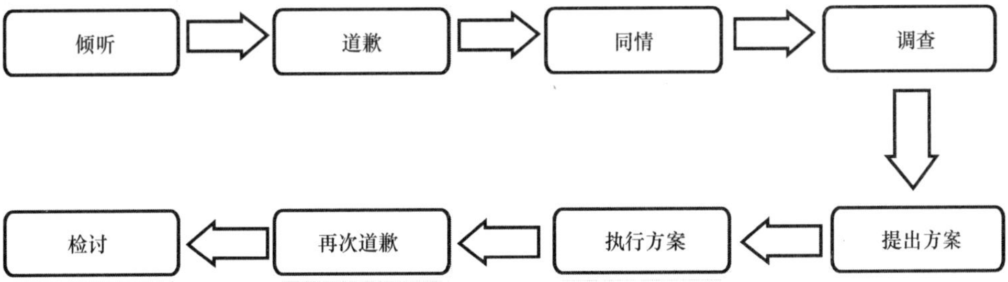

图7–1　处理顾客投诉的一般流程

1. 有效倾听，接受批评

在接待顾客和处理顾客投诉时，首先一定要让顾客把心里想说的话说完，这是最基本的态度，以此体现出对顾客的重视和尊重。我们要让顾客充分倾诉他的不满，并以肯定的态度诚恳地听其说完，至少可以让顾客在精神上得到一丝满足，以避免顾客不良情绪的反弹。

2. 巧妙道歉，平息不满

在顾客投诉发生的开始阶段，如果一线店员和投诉处理人员能够加以平息投诉，往往能起到事半功倍的效果。巧妙的道歉，就是一个平息顾客不满的好办法。

一般而言，在顾客投诉初期，他们常常是义愤填膺，情绪非常激动，导致措辞过分激烈，甚至伴有恶言恶语、人身攻击等。在此情况下，投诉处理人首先应冷静地聆听顾客的委屈，全盘了解顾客不满的原因，然后诚恳地向顾客道歉，用“非常抱歉”、“真是对不起”等语言来稳定顾客的情绪，稍后再商谈投诉之事，这样问题就比较容易解决了。在道歉的时候一定要注意以下三点：第一，牢牢记住自己代表的是店铺；第二，不要做过多的无用解释，忌讳辩解；第三，道歉要诚恳并让顾客感觉得到。

3. 换位思考，理解同情

在接受顾客投诉时，必须要从顾客的角度说话，了解顾客因不满意所表现出的失望、愤怒、沮丧甚至痛苦，理解他们会在某种程度上责备经营者。当顾客投诉时，他最希望自己的意见可以得到对方的理解和同情，因此，对于顾客的抱怨，我们一定要诚心诚意地表示理解和同情，坦承自己的失误，绝不能一味地站在公司或其他同事一边，找一些托词开脱责任。实际上，在处理投诉中，有时一句体贴、温暖的话，往往能起到化干戈为玉帛的作用。

4. 调查分析，提出方案

在接受顾客投诉后，除了调查被投诉的情况是否属实外，还应尽量了解顾客的希望和店员的看法。然后，要在尽可能不损害店铺利益和顾客利益的前提下按照顾客的希望来进行处理，这是解决顾客不满的最好方法。

5. 执行方案，再次道歉

在处理顾客投诉时，一旦了解顾客投诉的真正原因，就应尽快着手处理问题。一般情况下，处理顾客投诉时可参考以下三步：耐心听取顾客意见，分析其内心状况；诚心诚意地道歉；按规定或请示上级后与顾客进行解释、沟通。

6. 深刻检讨，总结经验

在顾客投诉的过程中，要对顾客的投诉进行合理的解决，并向顾客请求谅解。向顾客诚心道歉后，在内部就工作上出现的问题还要进行检查和检讨。

（1）检讨得失。在解决顾客投诉的整个过程中，负责处理投诉的店员要把顾客投诉的意见记录在册，深入分析顾客的想法，这样顾客也会有慎重的态度。而每一次的顾客投诉记录，店铺都要妥善存档，以便日后查询，并定期检讨产生投诉意见的原因，从而加以修正。

在检讨时有两点需要注意：一是许多投诉都是可以事先预防的，店长一旦发现某些投诉的问题经常发生，就必须组织力量进行调查，追查问题的根源，制订此类事件的处理方法，并及时提出改进管理和流程的规定，以杜绝此类事件再次发生；二是如属偶然发生或特殊情况下的投诉，店长也应制订明确的规定，作为以后同类事情的处理依据。

（2）通报公布。对所有顾客的投诉意见及其产生的原因、处理结果、处理后顾客的满意程度以及店铺今后改进的方法，均应及时用各种方式，如例会、动员会、晨会或内部刊物，告知所有店员，以防类似事情的再次发生。

（四）不讲道理顾客的处理

在处理顾客投诉时，会遇到各种各样的顾客，特别是那些蛮横不讲理的顾客，他们大喊大叫、辱骂甚至有潜在的暴力倾向。对此，不要认为他们难缠，而应将他们看作是普通人并采取以下措施。

1．**克服恐惧**

店员抱怨说遇到一个难缠的顾客时，其真实的心理是“我处理这种类型的顾客有困难”。因此，关键是要反省自己，克服自己潜在的恐惧意识。店长应该问自己：“我处理这个顾客投诉存在什么困难？”一旦确定了这样的想法，处理起来就比较容易了。

在处理难缠的顾客时，要避免试图向顾客证明他是错误的，这样会使矛盾激化。要试着体会他的心情，表现出与顾客心情相关的表情，如同情、体贴、受挫等，要让他们对投诉处理人产生好感，使他认同即将处理问题的方式。

2．**确定类别**

难缠的顾客与不讲理的顾客并不完全是同义词。不讲理的顾客通常不通情达理，往往会无理取闹，将过分的要求强加给店员。这些顾客的期望超出了投诉处理人可以解决的范围。要区分出真正的困难和刁难并不是一件容易的事情，其界限也很模糊，基于不同的理由会有不同的解释，而这往往取决于投诉处理人的态度、看待事物的方式以及和顾客试图解决问题的诚意。化解顾客敌意的有效方法如图7–2所示。

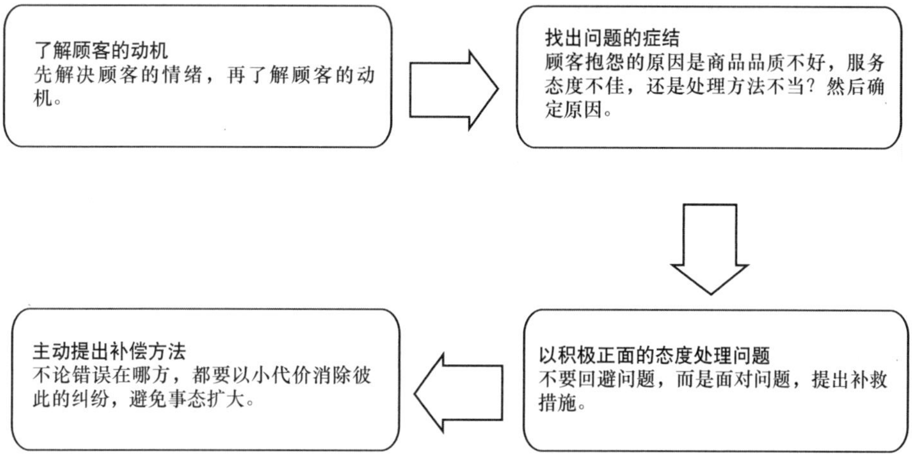
了解顾客的动机
先解决顾客的情绪，再了解顾客的动机。
找出问题的症结
顾客抱怨的原因是商品品质不好，服务态度不佳，还是处理方法不当？然后确定原因。
以积极正面的态度处理问题
不要回避问题，而是面对问题，提出补救措施。
主动提出补偿方法
不论错误在哪方，都要以小代价消除彼此的纠纷，避免事态扩大。

图7–2　化解顾客敌意的有效方法

在处理那些别有用心的顾客投诉时，投诉处理人应本着“有理、有礼、有节”的原则处理问题，如解决不好应及时向主管领导上报。需要注意的是答应顾客要求也是有一定限度的，投诉处理人应判断顾客的要求是合理的还是无理的。很多店铺都通过一些规定对顾客的要求进行评判，缺少必要的机动性，因此店长和导购员应有适当的权限来处理这些问题。

二、偷盗的防范和处理

对于零售店铺来讲，货品失窃是普遍存在而又十分棘手的难题，随着店铺面积越来越大，货品也就越来越多，许多零售店铺采取了人员紧盯、摄像监视以及门禁防盗等手段，以尽量减少货品及财物的丢失。尽管偷盗属于突发事件，但仍然可以通过一定的安全设施和防范技巧降低其发生的概率。

（一）防范偷盗的安全设置

服装店铺可以安装和设置保护性装置及系统，以防止偷盗行为的发生。常见的安全措施主要有以下几种。

（1）设置录像监视系统。该方法效果不错，但费用较高，同时要注意惯犯可能学会躲开监视系统进行犯罪。有些店铺还使用真假混装的监控摄像头，以达到威慑和降低成本的目的。

（2）设置电子传感器。这是一种新式、有效的防范系统，在商品中夹带磁片，出口处设有磁感应装置，顾客购买后为其消磁。

（3）收银台下安置报警装置。一旦发生偷盗而无法控制时，及时向公安机关和企业安保部门报警。

（4）安装窥孔。安装窥孔成本高，但在容易发生问题的特定区域里使用效果较佳。

（5）安装凸镜。店员可以通过凸镜对偷窃进行监视，但后者也可以偷看前者，进而择机动手。

（6）加强保安巡查。对于店铺面积较大的服装店铺，可以在出入口以及店铺内安排保安人员，防范偷窃和盗抢行为的发生。

（7）在店铺入口以及店内张贴、悬挂相关警示语，起到提醒和威慑意图不轨者的目的。

（二）防范偷盗的基本技巧

（1）发现可疑的顾客，微笑着向顾客走过去，进行整理商品、清洁或补货，或主动同对方打招呼，引起注意，从而制止其犯罪行为。

（2）发现顾客已有盗窃迹象时，应不动声色地跟踪并立即通过电话、对讲机或其他同事报告给安保部门，等待安全员来处理，绝不能当面质疑顾客。

（3）对现场突然发生的混乱现象要高度警惕，这往往是职业偷抢者故意制造的下手时机。碰到这种情况，一方面要提醒所有导购员盯人盯区，一方面要加派人手，必要时可以暂停营业，实施清场。

（4）必要时禁止顾客携带大型背包和提袋进入店铺，应规劝他们将其进行寄存，如果携带小型背包和提袋进入店铺则要留意其行为。

（5）所有陈列的货品要进行基本数量的统计且摆放整齐，如果动销也要及时补货，以便及时发现货品的缺失。

（6）应禁止顾客进入收银柜台后面，如果有顾客长时间在收银台附近游走，应提高警惕。同时注意收银现金应及时交解，不能将大额现金长时间存放在收银台。

（三）顾客偷盗的处理程序

（1）抓获嫌疑人员。强调证据，礼貌询问。

（2）带离营业现场。牵引后随，看住双手，避开危险商品。

（3）专人负责处理。选定安全场所，确保两人以上在场，女嫌疑犯要有女性店员在场。

（4）认定事件性质。礼貌对待，动员嫌疑人自己拿出赃物，切勿搜身。

（5）误抓的善后处理。误抓后一定要认错快、道歉快、补偿快，做好备忘录，不留后遗症。

（6）决定处理方式。限时查证，根据界限确定处理方式。

（7）情节较轻的责令其做出书面检讨，情节严重的或惯犯要送交公安机关处理。

（8）由专人负责，统一登记入册，注意及时、清晰、完整和保密。

三、火灾的防范和处理

火灾及发现可疑爆炸物等突发事件，往往让人不知所措，容易造成混乱局面，从而导致原本可以减少的人员财产损失被扩大化，因此对于火灾等突发事件的处理不能掉以轻心。

（一）火灾的防范

（1）将“防火器材位置图”和“人员疏散表”张贴在店内指定位置。

（2）定期保养和检查各种消防设施，如果灭火设备发生故障或性能过期，应随时向安全小组长反映，并立即做出处理。

（3）要定期对全体店员进行安全消防知识的培训，讲解灭火设备的功能、使用方法，以及防火注意事项和逃生的基本常识。尤其是对新店员，在上岗培训时要加强消防知识内容的讲解，考试合格后方可上岗。

（4）物品的存放要井然有序，不要阻碍疏散通道及安全门，不要遮住逃生标志。

（5）在《员工手册》中必须加上禁止在工作场所吸烟等内容，并指定专人负责下班关空调、抽风机和各项电器设备。

（6）随时提醒店员树立消防意识，不要忽视任何消防隐患，注意电源插头有无松动或损坏，如有损坏应及时报告店长或电工。

（7）针对店内所有店员定期举行消防演习，必要时邀请消防部门进行现场指导。

（二）发生火灾时的处理方法

火灾的发生有轻有重，如果发生的是轻度火灾，发现火情人员应向店长报告的同时，利用就近的消防设备迅速扑灭火势。倘若一个人无法扑灭火势，应召集其他人员一起扑灭。如果发生的是重大火灾，则必须按照以下程序处理。

（1）发现火情人员应在第一时间拨打119火警电话，并告知店长。除电灯外，应及时关掉所有电器设备。

（2）通过店内广播将火情告知全体人员，所有人员立即按平时消防演习的程序进行行动。

（3）迅速组织店员站好疏散位置，指挥店内顾客迅速离开现场。如果有浓烟出现，应在地上匍匐爬行，迅速离开现场；不要使用电梯，尽量从楼梯逃离。

（4）在时间允许的情况下，店长要组织店员将现金及贵重财物转移到安全位置。要注意的是，人身安全永远是第一位的，不要因抢救财物而危及人身安全。

（5）如果发现顾客或店员受伤，应立即进行临时性抢救并就近送至医院。

（三）火灾发生后的处理方法

（1）全体人员离开店铺后，应到附近选取安全地点集合，店长迅速清点人数，并告知店员在未经许可的情况下不得进入火灾现场。

（2）向公安机关报案，并协助公安人员在现场进行调查取证。

（3）店长在清点财务损失后编制出清单，及时向上级主管报告。

（4）分析火灾发生的原因及应变处理过程中存在的问题，提出今后的整改措施。

（5）如果出现顾客和店员被烧伤而送往医院治疗的情况，应以关心的态度探望并了解顾客和店员的康复情况。

（6）如果发生的是一般的小火情，火势虽然被扑灭，也需向上级汇报，并找出原因，防患于未然。

四、遭遇抢劫的防范和处理

由于服装店铺日常经营会产生大量的货品周转和现金累积，来往的人员也非常复杂，加之这些店铺往往临街，容易成为抢劫的目标。此外，店内的顾客或店员也有可能成为抢劫的受害者，一旦发生此类事件就会对店铺形象和声誉造成恶劣的影响。

（一）抢劫事件的预防

1. 店铺布局与商品陈列要科学合理

店铺的布局情况其实可以在无形之中为歹徒提供作案的便利，所以商家一定要科学合理地布置陈设，使歹徒的作案动机化为泡影。

2. 店内现金管理要严格规范

（1）收银机下设置保险柜，收入大钞后应直接投入保险柜。

（2）规定收银机内的现金不得超过一定金额，一旦超过就要上交。

（3）收银员在交接班时点钱动作要快，尽量避免在顾客面前长时间数钱。

3. 店铺人员应保持高度的警惕，注意可疑情况

（1）平时要对店员进行防抢教育和训练，以应对意外情况的发生。

（2）与公安机构或保安公司建立密切合作关系，并张贴告示，警示潜在的犯罪分子。

（3）店员应随时注意可疑情况，如多人结伴进店，服装、仪容不整者，未熄火停在店外很久的车辆，在门外逗留观察店铺内部的可疑人物，在店内长时间逗留且佯装购物或阅读书刊者。

（4）店内无顾客时，店员不要扎堆闲聊，可以整理货架、排面，或者补货、做一些清洁工作。

（二）遇抢时的处置方法

（1）以确保顾客、店员人身安全为第一原则，在歹徒手持凶器的情况下不做无谓的抵抗，双手动作应让歹徒看清楚，以避免歹徒误解而造成人身伤害。

（2）在不影响人身安全的情况下，尽量拖延时间，假装合作，尽可能使财物损失降到最低。

（3）沉着冷静，记住歹徒的容貌、穿着、身高等个体特征。

（4）趁歹徒不备时，其他人员乘机拨打110报警，并迅速按下报警器。

（三）遇抢后的处理方法

（1）歹徒离去后，迅速向上级主管部门报告，并向公安机关报案。

（2）歹徒离去后3分钟内，立即填写歹徒特征表。

（3）小心保持犯罪现场的完整性，不要碰到歹徒曾经碰触过的地方，以免破坏了可能存在的指纹或其他证据。

（4）待警方和上级主管人员到达现场查看完毕后，清点损失情况。

（5）将遇抢过程写成报告，呈送有关部门。

五、其他突发事件的处理

（一）突发事件的种类

1. 灾害与事故

（1）灾害：灾害包括水灾、火灾、风灾、地震、雷击等。台风、水灾与地震不同，

可以相对准确地预知，因此在一定程度上可以进行预防。如在暴雨、大风之前，可以预先将店铺的可移动招牌和植物盆景移至店内，并对可能发生危险的场所进行检查，对可能被暴风雨吹走的物品进行固定，尤其要关注大型店招是否牢固。针对大风、暴雨可能危及店铺玻璃的情况，可以事先用胶带纸对玻璃进行封贴。另外，为了防止洪水的侵入，应事先把容易遭受雨水侵蚀的货品、设备移至高处，将店铺的电源关闭，防止漏电发生意外。对于地震，要保持镇定，及时有秩序地将顾客、店员疏散至空旷场所。

（2）事故：事故主要包括爆炸、追撞、坠落、翻覆、遗失、电器事故、机械事故等。每间店铺都要制订突发性事故的处理方法，以便店员在遭遇时能沉着应对。

2. 人员风险

（1）受伤、食物中毒、死亡、职业病、传染病、失踪、绑架、暴力行为等。

（2）店员或顾客的侵占、偷盗等。

3. 经营风险

（1）恶意或者有意图的流言、顾客基于推测引起的误导等。

（2）在经营中出现产品责任、发生公害，或违法取得企业秘密，消费者申诉、告发、内部告密、诉讼、企业恐吓、刑事暴力等。

（3）竞争中发生的欺诈、商业间谍等。

（二）突发事件的处理守则

1. 对于需要现场处理的突发事件店长应采取以下处理方法

（1）保持沉着冷静的头脑，切忌慌乱。

（2）迅速理清处理思路，并及时向上级汇报。

（3）迅速安排现场人员分工，并分头进行相关事务的处理。

（4）如有人身伤害，应迅速联系医院，如是因事故引起的伤害则应立即向公安等相关机关报案。

（5）如果有财产损害，则要进行实质损害登记，并请见证人共同签字确认。

（6）对有必要实施现场保护的情况，要采取必要的保护措施。

（7）准备详尽、准确的现场相关材料，协助做好事件的调查和处理。

2. 对企业重大危机的突发事件应采取以下方法处理

（1）迅速成立突发事件处理小组，统一认识。

（2）找出突发事件的真正原因，准备周全的资料。

（3）处理突发事件，协助调查机关取证，面对公众，主动联系媒体进行信息披露。

（4）尽快找到支持的力量，加强与公众沟通。

（5）对任何负面报道要立即有所回应，诚信至上，切忌欺骗隐瞒。

（6）不要在声明中淡化问题，该认错时迅速认错。

（7）切忌在声明及相关沟通中做宣传或促销。

第四节 有效制订与实施促销策划

作为营销的重要手段之一，促销是现代商战中不可或缺的工具，随着市场竞争的日益激烈和消费者的日渐成熟，各商家都在不遗余力地实施各种各样的促销活动。作为服装零售店长，需要掌握促销工具在店铺经营中的运用，以应对竞争和提高店铺业绩及市场影响力。本章中，考虑到店长的可操作性，仅以营业推广为例来介绍促销方案的策划与实施。

一、了解促销的目的与方法

（一）促销的目的

促销策划的首要任务是明确促销的目的，因为促销目的不同直接导致了促销方式的差异。在制订促销计划时，首先要明确促销的目的，这样才能使促销有的放矢，成功实现既定目标。一般情况下，促销具有以下几种目标。

1．**增加客源，扩大销售额**

店铺促销最直接的目的就是在短期内迅速提高销售量，扩大营业额并提升毛利额。营业额来自于来客数和客单价，店铺可以通过促销活动稳定既有顾客并吸引新顾客，以提高来客数。如果来客数短期内无法增加，或者顾客群过于集中，促销的诱因则可以促使消费者多购买一些商品或者单价较高的商品，从而提高客单价。同时，促销还可以刺激没有购物计划的游离顾客形成购买行为。

2．**促进商品的流通**

商品是店铺的命脉，良好的商品回转，会带来良性循环。店铺可以通过适当的促销活动来推动商品的流通。对于服装店铺来讲，处理库存是经常要解决的一个问题，这就可以通过促销活动来降低库存，及时清理店内存货，加速资金周转。为了减少库存，通常会进行计划外的促销活动，降价清仓可以清除过多的库存，但有时也有必要策划除降价之外的促销活动，如买赠等。

3．**提升企业形象**

店铺可以通过一定的促销活动提升企业形象，提高其知名度。例如，店铺可以用有特色的店内POP或商品展示来对特定商品进行促销。虽然店铺促销的只是某种类型的商品，但顾客被活动吸引到店后，会全面认识和感知店面的设计、清洁状况、服务等，从而会影响到消费者对整个店铺形象的认识。

4．**对抗竞争对手**

由于店铺数目不断增加，竞争也日趋激烈，众多的经营者都加入了以促销来争取顾客的行列中，于是激烈的市场竞争在某种程度就演变成了促销手段的竞争。在促销竞争中，谁的活动力度大、效果好，谁就有了更高的市场份额，谁就掌握了打败对手的决定权。因此，一项新奇、实惠、有效的促销活动，会增强消费者对该店铺商品的购买欲望，从而打败竞争对手。

（二）促销的手段

促销的手段多种多样，各有其特点和适用范围。一个特定的促销目标可以采用多种促销手段来实现，所以应对多种促销手段进行比较选择和优化组合，以实现最优的促销效益。一般情况下服装店铺采取的促销手段有以下几种。

1. 降价优惠

降价优惠是指在特定的时间和特定的范围内调低商品的销售价格，此种方式因最能与竞争者进行价格竞争而深受消费者的青睐。就服装商品而言，降价优惠至少要有15%～20%的幅度并且要有充分的理由才能吸引消费者的购买。在操作中，可以考虑把原价、现价及优惠金额同时标出，这样可以很直接地吸引消费者。值得注意的是，这种方式不能频繁使用，否则会损害品牌形象。

2. 优惠券

优惠券是指授权持有者在指定商店购物或购买指定商品时可以免付一定金额的单据。优惠券适用的场合很多，可以用来扭转产品或服务销售下滑的局面，也可以在新产品上市时用以吸引消费者进行购买。优惠券应以简单的文字将使用方法、限制范围、有效期限、说明文案一一描述；优惠券面值一般是零售价的10%～30%。使用这种方式时要尽量避免出现误兑情况。

3. 赠送赠品

随所售商品附赠有价值的相关产品给顾客，以此来拉近与消费者的距离，从而促使消费者发生购买行为。根据是否以购买为条件可以把赠品分为无偿赠品和有条件赠品，前者是可以无条件获得的，如有些店铺在开业时对光顾的每一位顾客都赠送一份礼品；后者需要顾客购买一定量的商品才可以获得，这种方式是最为常见的。赠品促销活动不可过度滥用，否则会误导消费者对该产品的正确认知。

4. 趣味类促销

趣味类促销即顾客在参与活动、购买商品或进行消费时，对其给予奖励机会的促销方式，这种方式利用了人们好胜、侥幸和追求刺激等心理，吸引消费者参与，从而推动销售。趣味类促销通常包括竞赛、抽奖、中奖、游戏等富有趣味性的活动。

5. 退款优惠

退款优惠是指在消费者提供了商品的购买证明后退还其购买商品的全部或部分款项的促销方式。这种方式可以维护顾客的消费忠诚，收集顾客的有关资料，对于较高价位的商品具有较好的促销效果。

6. 会员制促销

会员制促销即店铺利用消费者成为会员可以享受内部优惠待遇的方式促进消费，提升消费者忠诚度和重复购买率。这种方法在服装店铺特别是女装和高档服装经营中已经应用得十分广泛，有的高档男装还成立了会员俱乐部组织会员活动。

7. 捆绑优惠

捆绑优惠是将两种及以上的货品进行捆绑销售，消费者购买时可享受一定幅度的优惠，这种方式综合了买送与折价优惠，在新品上市、库存消化上使用得较多。

8. 组合促销

组合促销指的是将两种以上的促销方式配合起来使用，以求达到更高效的促销手段。但有些促销不便于组合，如无偿赠送与减价优惠，在促销时就不能将它们强扭在一起。因此，在运用组合促销时，应选择不同方式进行合理的配置，或在不同阶段分开使用促销组合，从而使促销更具有延续性和递进性。以下列举了几种不同目标下的促销组合方式。

（1）提高品牌知名度：POP推广、竞赛、游戏等。

（2）提高人均购买次数：赠品、折价券、减价优惠等。

（3）增加人均购买量：折价券、赠品、减价优惠等。

（4）保持固定的消费群：会员制等。

（5）鼓励消费者进行新品购买：捆绑优惠、优惠券等。

二、促销的策划与实施

（一）促销活动的策划

1. 设计促销活动的主题

促销不是为了促销而促销，它还肩负着品牌建设的任务。促销活动一定要有一个主题，这是整个促销活动的灵魂，目的在于提高品牌美誉度。从目标消费者的心里挖掘最富有煽动性的促销活动主题，以此主题作为整个促销活动的核心，使营销要素在店铺与消费者之间形成良好的氛围，最大限度地拉近消费者与产品、企业的心理距离，吸引一批稳定的忠诚消费群体，从而最有效地推动店铺销售业绩的持续增长。

促销主题要以一个时间段进行考虑，这个时间段可以设计不同的主题，但是每个主题之间必须要有联系，从而使整个活动主题一脉相承，形成具有震撼效果的品牌影响力。促销活动主题要与产品品牌诉求和定位相一致，避免给目标消费者混乱甚至错乱的印象，必须根据公司整体品牌战略目标来确定活动主题。促销活动主题是打动消费者的关键，一定要贴近目标消费者利益，这才是他们关注的重点；促销主题要简洁、突出、富有创意，并且朗朗上口，反映促销活动的核心思想；促销主题还要充分利用时势点，诸如春节、母亲节等，要有一定的新闻价值，在一定程度上引起社会舆论的关注。促销主题一般有三种：

以产品为主题的促销活动、以季节特点为主题的促销活动、结合特定节假日的促销活动。

需要明确的是，主题促销活动绝不是简单的买赠、特价、路演等活动形式，而是围绕主题这个活动灵魂来体现品牌的诉求、定位及消费者的利益。

2. 制订营业推广方案

在为营业推广活动确定了目标和具体工具后，还需要对营业推广活动制订具体的行动方案。在一个完整的营业推广方案中应该包括以下几方面的内容。

（1）营业推广的范围。企业要确定本次营业推广活动的产品范围和市场范围，是针对单项产品进行促销还是对系列产品进行促销，是对新产品进行促销还是对老产品进行促销，是在所有的销售区域进行促销还是在特定的区域内进行促销。

（2）诱因量的大小。诱因量是指活动期间商品优惠程度与平时没有优惠时的差异，它直接关系到促销的成本。诱因量的大小与促销效果密切相关，因为诱因量的大小直接决定了顾客是否会购买商品。

（3）传播媒体的类型。即企业选择何种媒体作为促销信息的发布载体。不同的媒体有不同的信息传递对象和成本，其效果必然不同，这是企业在营业推广方案中应明确的问题。

（4）参与的条件。不同的营业推广目标和工具有不同的参与对象，在方案中对参与活动的对象应有一定的条件限制，以降低成本、提高效率。

（5）营业推广的时间。营业推广时间的确定包括三方面的内容：举行活动的时机、活动的持续时间和举办活动的频率。

（6）营业推广费用的预算。科学合理地制订预算，为活动的顺利开展提供了有力的保障。营业推广的费用通常包括两项：一是管理费用，如组织费用、印刷费用、邮寄费用、培训教育费用等；二是诱因成本，如赠品费用、优惠或减价费用等。

此外，在方案中还要有其他内容，如奖品兑换的具体时间和方法、优惠券的有效期限、营业推广活动的具体规则等。

（二）促销活动的执行

一个好的促销方案需要有好的执行组织才能达到它的预期效果。在促销活动中要尽量避免执行和管理的漏洞，确保促销活动的顺利开展。

1. 活动准备

（1）认真了解活动的目的、时间、方法、产品知识（用于新产品促销）等细节。

（2）领取活动用品及促销宣传品并签字登记。

（3）将各种宣传品、用具运抵促销店铺。

（4）和相关部门沟通联系好，就活动事宜做出妥善安排。

2. 活动执行

（1）严格按照方案要求执行促销活动。

（2）店员应着装规范、精神饱满。

（3）促销海报和现场POP张贴规范、摆放合理。

（4）促销用品堆放整齐，管理有序。

（5）店员应积极向顾客进行促销信息的传递。

（6）针对有可能出现的拥挤情况，确保安保力量到位。

（7）所有赠出的促销品要及时登记，赠品数量要与售出产品相符。

（8）促销过程中要关注销售状况，对存在的货品短缺、流失以及货区不合理等问题要及时解决。

3. **促销活动结束**

（1）及时收拾好促销物品和设备，搞好店铺卫生。

（2）清点剩余促销品、宣传品并及时申领不足的用品，妥善保存。

（3）及时填报促销相关报表，总结促销中存在的问题并提出相应的解决方案。

（4）完成促销后重新规划货品结构，做好店铺布局及陈列的调整。

三、促销评估与控制

促销的目的除了希望在特定时期内提高来店顾客数、客单价以增加营业额外，更重要的是促使顾客日后继续光临。因此，需要通过检查来确保促销活动实施的品质，以便为顾客提供最好的服务，达成促销效果。此外，促销活动作为提升经营业绩的工作要长期不断地进行下去，这就需要对促销计划和促销成本等有一定的控制和规划。

（一）促销评估

促销评估的程序大体上可划分为确定评估内容、收集有关资料、整理和分析资料、论证分析结果和撰写分析报告等。通过评估，可以知道这次促销活动是否真正达到了目的，如果没有达到，下一次促销活动还应该进行哪些调整，如果达到了目的，可以将其成功经验借鉴到下一次的促销活动之中。促销评估的内容包括以下几点。

1. **店员的满意度**

促销结束后要征求店员的意见，了解他们对于促销活动是否满意，因为他们可以站在一个更为广阔的立场上来看待这件事，所以能够提供更为客观的评价。具体的评价指标包括销售增长、进货增长、货品周转率、库存降低率等。

2. **销售量增长**

考察销售量增长可以从以下角度入手：与去年同期比较，可以得知今年比去年增长了多少；与当年平均销售水平比较，可以得知通过促销活动带来的销量变化，这是促销绩效评估的有效指标；与促销前三个月的平均值比较，能够大致比较及时、公平地看出促销在短时间内对店铺销售的影响；与促销后三个月的平均值比较，可以判断出这次促销是仅仅把现有顾客前两个月的购买力透支了还是真正吸引了潜在顾客；与其他促销方式比较，可以看出哪种促销形式更为有效，这样做有助于积累经验。

3. 消费者实际购买量

开展促销活动时，由于现场气氛营造得很好，吸引了大量的顾客进店，但消费者的实际购买量是否因促销活动有所提升，是评估促销活动成功与否的关键，因此在促销效果评估的时候应关注其实际购买量。

考察消费者的实际购买量时可以从以下四方面入手：与促销前比较，顾客的客单价和客单数有无变化；与非促销商品比较，顾客的客单价和客单数有无变化；促销期内自己的市场占有率提高了多少；促销期内竞争对手的市场占有率降低了多少。

4. 投入产出比

投入产出比受到了促销效率和成本控制的影响。所谓促销效率就是究竟投入多少促销成本才会获得销售的增长，最好做多个促销计划的连续比较。如果促销频率过高，促销效率就会越来越低，单位成本带来的销售增长就会越来越少。同时，在投入产出比的分析中更重要的是需要密切关注成本控制。

（二）促销成本控制

促销活动要有良好的产出，还需要对促销成本实施控制。

1. 做好成本预算

需要有专人负责预算各次促销活动的所有成本，包括媒体、赠品、POP、易拉宝、展架、宣传资料、临时促销人员开支等各项费用。将促销的各项开支列出明细表，严格做好促销成本的预算工作，使促销活动的所有成本得到有效的控制。进行促销成本预算时，必须充分、合理地考虑促销的预期收益，如是否达到提高销量或提升店铺知名度的目的。在进行促销成本预算时，至少要明确三点：所有促销活动均需提供详细、完善的促销方案和预算费用；将预算文档存档，以备今后稽查；依制度办事，严格监督，检查促销活动的真实结果。

2. 做好成本控制

想方设法降低促销的各项开支，如控制宣传费用、礼品选购费用、展板和POP设计费用等。严格防范、禁止预算外的费用发生，除非是不可抗力。

在计算促销活动的投入产出比时，除促销预算方案外，更要将预算投入与预期收益、活动当事人的业绩和收入联系起来，综合计算所得所失。

思考讨论

1．营造店铺销售氛围的手段有哪些？

2．店长日常管理的工作内容是什么？

3．店铺突发事件有哪些？应当如何处理？

4．服装店铺促销的常用手段有哪些？如何制订一份促销策划方案？

第八章 提高货品效益

[学习目标]

知识点：

1．熟悉运用服装订货数量配比进行合理的订货。

2．熟悉运用仓库货品盘点和ABC分析法对仓库服装进行管理。

3．正确理解存货产生的原因并掌握有效销售货品的不同方法。

能力点：

1．能进行经济合理的订货。

2．会有针对性地进行服装仓库分类管理。

3．能有效控制库存，合理高效处理服装库存。

【引导案例】

畅销带滞销，细节促销售

各个服装品牌都面临着库存压力，如何让畅销产品充足，滞销产品流通，提高产品周转率，是每一间店铺面临的实际问题。在日常运营中，通过每周销售数据分析，将畅销品和滞销品进行5：5 搭配，陈列在模特、中岛等较显眼的位置，鼓励店员多关注、多推荐滞销品，以畅销品带滞销品。最初，顾客总是摇摇头拒绝了，而今通过将畅、滞销穿搭法在模特身上的实施，顾客居然主动说“拿这一套让我试试吧。”就这样店内以前难卖的货品也卖起来了。

店内橱窗每周都要更换不同风格、款式的衣服，以提升顾客进店率。卖场同款商品的陈列以全码不同规格陈列存放。规划出最小、最大码的陈列区方便取放货品，节约顾客等待时间。

随着生活水平的提高，顾客购物的需求不再局限于买一件衣服，更多关注的是衣物以外的附加值。店内干净整洁的购物环境，加上优美的音乐，从整体上营造了一个良好的环境。

（来源：《雅戈尔报》）

第一节　科学合理订货

服装订货又称服装采购，是指运用专业经验，在把握服装市场需求和流行趋势的前提下，有计划、有目的、有数量地采购服装的过程。合理订货是服装零售经营过程中非常重要的工作之一，服装订货的成败，决定了服装销售业绩的好坏。

一、服装订货的原则

在终端店铺，货品是绝对的主角，也是运作的核心，而订好货品就等于卖出了一半。所以一定要重视订货会，要学会运用科学的数据进行分析，这样才能走出订货的误区。

1. 适品

需要考虑不同的产品在不同地域市场中的销售状况、表现出来的适应性以及所在地域目标顾客的消费习惯等因素。

2. 适量

店铺中每种款式的货品都应该有适当的数量。

3. 适所

服装店的货品应与适当的销售场所相匹配，以利用特色鲜明的货品在最短的时间内激发目标顾客的购买欲望。

4. 适价

店铺中的货品价格应该比较适中，应注意以下两方面的内容：第一，根据店铺的定位，价格带应相对比较集中，价格带能够反映服装的市场定位；第二，在价格相对集中的基础上，服装店的货品应包括一定数量的高价货品。

5. 适时

把握好货品销售与时间的配合问题。对于处于销售生命周期不同阶段的货品，应运用与时间段相配套的货品管理方法。

二、预测销售周期

1. 影响服装销售的因素

（1）天气的温度及时间变化。

（2）特殊日期。

（3）产品竞争。

（4）替代产品。

2. 服装产品销售周期的确定及策略

（1）服装产品销售周期：服装产品销售周期决定了未来产品销售的数量，对产品订货有很大的影响。服装产品销售周期一般分为导入期、成长期、成熟期和衰退期四个周期，如图8-1所示。

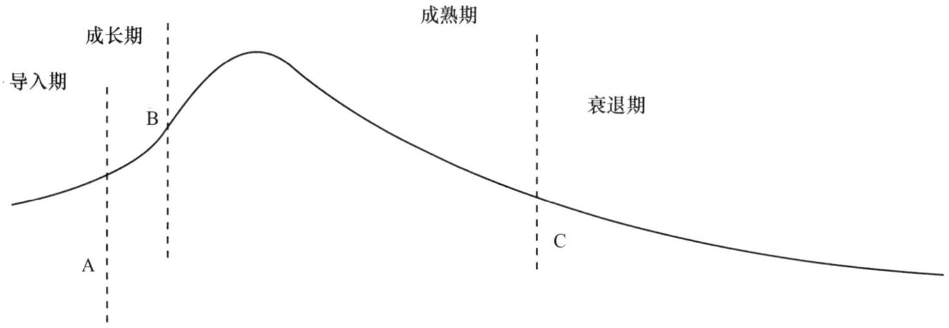

图8-1　产品生命周期

（2）服装产品销售周期的判断及策略：服装店铺可以根据周销售数据判断服装产品的销售周期并对应得到该周期应采取的策略，如表8-1所示。

表8-1　服装产品销售周期的判断

销售周期	判断标准	采取策略
导入期		观察哪个产品好卖
成长期	销量增长25%～30%（周上升）	把握好畅销产品的补单
成熟期	销量增长10%～15%或基本不增长	调整
衰退期	销量下降10%～15%（周下降）	采取促销处理

三、补货量的计算

补货量=铺场数＋预计日均销售量×周转天数-现有库存-在途货品

（1）铺场数：所摆位置的货品需求量，根据价格、摆位、颜色计算铺场数量。

（2）预估销售：以过去7天平均销售数据计算。

（3）周转天数：以两个补货周期与一个运输天数之和计算。

例：某款服装，过去7天销售为210件，平均每天30件，现在存货176件，铺场150件，没有途中货，求补货量。

解：150件＋30件×7天-176件＝184件

第二节　有效管理仓库

一、仓库管理的原则

仓库管理是根据货品本身以及货品入库计划的要求，对入库货品进行保护、管理的工作环节。货品进入仓库后，都要经过或长或短的保管期，保管期间，要求做到库存安全、质量完好、数量准确、品类有序、利用充分，掌握仓库管理的原则是发挥库存功能、实现管理效益。

1. 安全方便

确保货品安全，使货品在保管期间不破损、不受潮、不霉变、不丢失、不变形。同时还要使货品进出库方便，尽可能节约保管费用。

2. 面向通道

为使货品出入库方便，并且容易在仓库内移动，可以把物品面向通道保存。

3. 利用空间

有效利用仓库内的空间，应将物品尽量向高处码放。为防止货品破损，应当尽可能地使用货架等保管设备。

4. 分档存放

将出货和进货频率高的物品放在靠近出入口、便于作业的地方；季节性物品则应按季节特性来选定存放的位置。

5. 集中保管

为了提高作业效率和保管效率，同类或类似物品应集中保管，从而使管理人员便于寻找、整理和清点。

6. 区别轻重

安排存放位置时，应当把重的物品放在相对较低的地方；需要人工搬运的大型物品应以腰部高度为基准进行摆放。

7. 方法适宜

要根据货品的存放标准进行妥善安排，如吊挂、平摆、分层等，以免发生保管损失。

8. 进出有序

保管时要根据出库的先后次序将货品依次排列，使先行出库的货品放置在距离出口或通道较近的位置。对于存放时间较长的同类物品，要按先入者先出的原则存放，从而加快货品的周转，避免超期存放。

二、仓库管理的一般方法

仓库管理的方法很多，最常用的方法是ABC分类法。ABC分类法作为库存管理的技法自1951年由通用电器公司（GE）开发出来以后，在各企业中被迅速普及，运用于各类实务上，成效卓著。

1. ABC分类法

ABC分类仓库管理是依据“对应价值大小投入努力”的原则来获得非常有效的管理分析法。将库存物品按所占资金分成三类，分别采取不同的管理办法和存储策略。

ABC分类法主要根据商品价值的大小将商品分为ABC三类，其中A类商品占总价值比例较高，需要重点管理，B类商品占商品总价值比例中等，次重点管理，C类商品占商品总价值比例最低，只需一般管理即可。在商品库存中实施ABC分类的重点管理，可以为企业带来更高的管理效率。

2. ABC分类的操作

分类前，我们将服装的数据分为两类，一类是可以量化的，一类是不能量化的。对于不能量化的，如款式等，通常只有凭经验进行判断。对于能够量化的，如服装的价格、数量等，则可以利用ABC分类法进行分类。

第一步，计算各类服装的价格；第二步，按照价格由大到小排序并列成表格；第三步，计算每种服装金额占库存总金额的比率；第四步，计算累计比率；第五步，分类。累计比率在0%～60%之间的货品为最重要的A类库存；累计比率在60%～85%之间的货品为次重要的B类库存；累计比率在85%～100%之间的货品为不重要的C类库存。

三、仓库盘点

由于货品种类多，有准确的存货数据才有利于店铺的管理，所以要建立定期货品盘点制度。所谓盘点，是指定期或临时对库存商品的实际数量进行清查、清点的作业，对仓库现有物品的实际数量与保管账上记录的数量进行核对，以便准确地掌握库存数量。

1. 盘点的种类

（1）交班盘点：只需要盘点仓库货品大数，设立盘点交接本，早班对晚班，晚班对早班。

（2）分款式盘点：闭店后只盘点仓库中的某一款货品，将该款货品在仓库、模特身上、箱头的货品及次货一一盘清，确保所有存货都已盘点，盘点后主管必须抽查。以确保盘点数据的准确性，将盘点数据录入电脑中并更新数据。

（3）全场盘点：盘点所有的货品。

2. 全场盘点

（1）盘点前准备

① 人手：编排指定盘点人员、分工负责盘点工作。

② 文具：盘点纸、木板、纸板、计算器、笔。

③ 电脑：最后确认出入货，设置盘点日期。

④ 其他：仓库的分区图、区位图、区位纸、复查表、盘点对照表、盘点使用表（盘点预算表）、叠尺码。

（2）盘点的注意事项

① 盘点货品时要留意盘点的方向，避免漏盘和重复盘点。

② 每完成一个区位，则将盘点单完整地贴在货架上，由复核人在复核后签上名字，然后将第一、二联撕开，第二联放在原始位置，第一联交给主管，和区位纸放一起。

③ 区分陈列品中已盘和未盘的货品。

④ 模特等陈列货品可提早盘点，但是盘点后不能再更换，否则需要更改相应的盘点表。

⑤ 后仓盘点可由早班同事跟进。

⑥ 在盘点前半个小时左右，可先将盘点表和区位纸贴在对应的货架上。

（3）盘点过程：开始前，将仓库分区图上已划分好的区位分配给每一组同事。

① 初盘：每小组按照分配的区位做初盘，盘点完成后将盘点表统一反方向放在盘点表的原始位置，以便复查同事清楚此区已经完成初盘。

② 复盘：同事之间相互复盘，盘细数并在盘点表上签名确认已复盘。

③ 更新：检查盘点表和区位纸是否已经收齐，录入电脑，在盘点单上做标识，数据出入较大的就查看区位纸及盘点单，进行重盘，以确保数据准确。

第三节　高效处理库存

服装库存指的是日常经营活动中持有以备出售的货品。库存本身不是目的，其最终目的是将货品换取为现金流并创造利润。但服装作为季节性、流行性的商品，虽然在报表中以资产表示在账面上，如果不能及时地转换为现金流，随着时间的流逝，它的货品价值将越来越低。

一、服装库存产生的原因

要彻底处理库存，就必须找出它产生的原因。一般来说，造成服装库存的主要原因有以下几点。

（1）服装订货质量不过关，产品质量差。

（2）订货时销售预测不准确，造成大批量订货，却只能销售出其中的一部分货品。

（3）服装产品设计落后，不能满足消费者的需求，不能赢得市场。

（4）经营销售管理水平欠缺，没有利用好定价、广告、促销等手段，造成不能按计划销售的情况。

二、合理库存量的计算

（1）畅销款库存量＝畅销款数量×（预计销售量+基本配比）

（2）一般款库存量＝一般款数量×（预计销售量+基本配比）

（3）滞销款库存量＝滞销款数量×（预计销售量+基本配比）

（4）总库存＝畅销款库存量+一般款库存量+滞销款库存量

例：

畅销款10款，预计一周销售15件／款，基本配比是3：2：1

总量＝10×15+10×6＝210件

一般款25款，预计一周销售5件／款，基本配比1：2：1

总量＝25×5+25×4＝225件

滞销款20款，预计一周销售3件／款，基本配比1：1：1

总量＝20×3+20×3＝120件

库存量=210+225+120=555件

三、库存处理

库存管理是一个过程管理，动态管理，它的关键在于对产品销售周期的把握。由于服装产品是一个季节性很强的商品，如果出现库存，需要及时地进行营销推广。

1. **推广前准备**

（1）货品：留意所做的推广货品的销售情况，要与预测的销售量作对比，如有差异要马上找出问题所在，如货量不足、货品的摆放位置不当或货场气氛不够等。

（2）人员：人员安排要得当，分工要合理。

（3）气氛：推广活动是否成功，很大一部分原因在于所营造的推广营销气氛是否足够。所以在推广期间，除了陈列的配合之外店员也要多向顾客做推介，营造推广气氛。

2. **货品推广方式的选择**

推广是有效销售货品的一种方法，推广主要分为减价(折扣)、重点推介、赠送或换购礼品等几种方式。

（1）减价（折扣）：将部分或全部货品用减价（折扣）的方法进行销售。由于价格下降，可以吸引大量的顾客关注。当某种货品的存货过多或季节转换时，可用此法进行清货。

（2）重点推介：有时部分款式会有大量货品推出，并配有海报宣传，做重点推介销售，但此类货品的价格会保持原价。以海报配合宣传，做重点推介，很容易吸引顾客购买，不仅吸引顾客，更能在不影响利润的情况下提高销售量。

（3）购物送礼：购买任何货品后加一定的金额就可以获得礼物一份；或购满一定金额后，加一定金额可以获得礼物一份。换购礼物对顾客有一定的吸引作用，可以帮助提高货品销售量。

（4）免费送礼：购买任何货品即可免费获赠礼物，或购买满指定金额货品后可免费获赠礼物。由于有礼物赠送，会吸引大量顾客，从而增加客流量，此推广可有效刺激顾客的购买欲望，提高营业额。

3. **推广后总结**

推广活动结束后，一定要做好事后总结，回顾一下推广是否成功。

（1）与上周同期销售额对比。

（2）占当时销售额百分比的升跌。

思考讨论

如何提高服装店铺的货品效益？

下篇综合实训项目

组织学生到服装店铺进行调研实践活动，撰写服装店铺经营管理分析报告。

（1）实训地点：服装店铺。

（2）分组训练：小组人数4～6人。

（3）指导教师：课程教师、店铺辅导员（服装店长或店长助理）。

（4）实训内容：

① 采访服装店长，记录店长的职责、角色定位和工作经验，了解该服装店铺的工作流程和运作体系。

② 分别采访服装店长和导购员，了解该店铺的绩效考核标准，主要包括店铺内部绩效指标系统和考核标准、激励措施以及总公司的激励政策等。分析存在的问题，提出改进方案和解决方法。

③ 调研后填写《店内环境氛围调查表》（附表1），提出改进措施。收集该服装店铺一次成功或失败的促销活动，对该活动进行详细、深入的点评。主要包括促销活动的简单介绍、促销活动的前因后果、对该活动的总结和归纳（成功与不足、改进建议等）。

④ 了解该店铺的服装产品和销售情况，填写上个月的《进销存月报》（附表2）和《店铺补货单》（附表3），计算库存量，结合促销活动的分析，探讨如何提高该店铺的货品效益。

（5）实训总结：以小组为单位完成实训报告，对店铺的人员管理（包括团队激励）、现场管理和货品管理等环节进行分析，撰写服装店铺经营管理分析报告，并分享体会。

（6）实训评价：店铺辅导员对学生的实践活动和报告进行评价；课程教师对学生的实践报告进行评价；小组成员之间互评。

附表1　店内环境氛围调查表

调查内容	优	一般	较差	改进措施
招牌识别度				
出入口大小				
橱窗及店门玻璃干净程度				
橱窗内装饰如何				
从出入口及窗户能看清店内吗				
店内照明情况如何				
店内色彩协调如何				

续表

调查内容	优	一般	较差	改进措施
店内卫生状况如何				
人员精神面貌如何				
营业人员服务态度如何				

附表2　进销存月报

店铺名称：　　　　　　　　　　　　　　月份：

	进货		销售	退货		库存	备注
				退公司	调出		
日期	公司进	调入	量	量	量	量	
1							
2							
3							
4							
5							
合计							
上月库存量：				本月退货件数（公司）：			
本月进货件数：				本月库存量：			

备注：此表格每天做，与盘存同时交。　　　　　　　　　　　　填写人：

（本月库存量=上月底库存量+本月进货件数-本月销售件数-本月退货件数）

附表3　店铺补货单

店铺名称：　　　　　　　　日期：

款号	色号	颜色	155	160	165	170	180	185	合计	备注
备注：										

店长签字：

参考文献

[1]王建四.服装应该这样卖[M].北京：北京大学出版社，2007年2月.

[2]杰弗里·吉特默.销售圣经[M].陈召强，译.北京：中华工商联合出版社，2009年4月.

[3]保罗·蒂姆. 客服圣经[M].丰祖军，张朝霞,译.北京：中国人民大学出版社，2009年2月.

[4]许进，孙瑞.销售新人沟通技巧7日通[M].北京：机械工业出版社，2010年7月.

[5]罗伯特·西奥迪尼.影响力（经典版）[M]，闾佳,译.沈阳：北方联合出版传媒（集团）股份有限公司万卷出版公司，2010年9月.

[6]一分钟情景营销技巧研究中心.服务营销[M].北京：中华工商联合出版社，2009年1月.

[7]多米尼克·夏代尔、拉祖.消费者行为学——概念、应用和案例[M].李屹松，王飙，译.北京：中国财政经济出版社，2007年9月.

[8]亚伦·皮斯、芭芭拉·皮斯.身体语言密码[M].王甜甜，黄佼，译.北京：中国城市出版社，2007年12月.

[9]华梅.服饰心理学[M].北京:中国纺织出版社，2004年7月.

[10]熊素芳.营销心理学[M].北京:北京理工大学出版社，2006年9月.

[11]戴维·迈尔斯.社会心理学[M]，北京:人民邮电出版社，2005年6月.

[12]东柯.金牌店长金牌店员培训手册[M].海口：海南出版社，2010年5月.

[13]赵涛.专卖店经营管理[M].北京：北京工业大学出版社，2006年4月.

[14]姜雪.专卖店（商场专柜）经营必读[M].北京：中华工商联合出版社，2009年1月.

[15]子华明.服装店就应该这样管[M]. 北京：中国时代经济出版社，2011年3月.

[16]张佩云. 人力资源管理[M].北京：清华大学出版社，2007年6月.

[17]王丹.人力资源管理实务[M].北京：清华大学出版社，2006年10月.

[18]肖建中.王牌店长——经理十项全能训练[M].北京：北京大学出版社，2005年1月.

[19]张金水.如何做优秀零售店长[M]. 广州：广东经济出版社，2006年3月.

[20]肖建中.成功开店营运手册[M].北京：中国经济出版社，2006年1月.

[21]李野新.新终端营销[M].北京：清华大学出版社，2008年2月.

[22]金喆.服装导购与营销技巧[M].北京：化学工业出版社，2010年4月.

[23]邱冠雄、胡美璇.纺织品营销人员必读[M].北京：中国纺织出版社，1997年8月.

[24]肖冉.比能力更重要的12重品质[M].北京： 北京出版社,2008.

[25]http://www.sino-manager.com/yxsc/.

[26]http://wenku.baidu.com/.

[27]http://www.cqyge.cn/news_article.asp?ID=11.

[28]http://fashion.ppsj.com.cn/2012-9-10/4056722358.html.

[29]http://www.vmc.com.cn/.

[30]http://www.youngor.com/.